CONSTANTIN CHRISTOMANOS

Élisabeth de Bavière

Impératrice d'Autriche

— PAGES DE JOURNAL —

IMPRESSIONS, CONVERSATIONS, SOUVENIRS

TRADUCTION DE GABRIEL SYVETON

PORTRAIT DE L'IMPÉRATRICE PAR FERNAND KHNOPFF

PRÉFACE DE MAURICE BARRÈS

QUATRIÈME ÉDITION

PARIS

SOCIÉTÉ DV MERCVRE DE FRANCE

XV, RVE DE L'ÉCHAVDÉ-SAINT-GERMAIN, XV

MCM

Élisabeth de Bavière

IMPÉRATRICE D'AUTRICHE

1837
1898

CONSTANTIN CHRISTOMANOS

Élisabeth de Bavière

Impératrice d'Autriche

— *PAGES DE JOURNAL* —

IMPRESSIONS, CONVERSATIONS, SOUVENIRS

Traduction de Gabriel Syveton

Portrait de l'Impératrice par Fernand Khnopff

Préface de Maurice Barrès

Quatrième Edition

PARIS

SOCIETÉ DV MERCVRE DE FRANCE

XV, RVE DE L'ÉCHAVDÉ-SAINT-GERMAIN, XV

MCM

1*

PRÉFACE

UNE IMPÉRATRICE DE LA SOLITUDE

Cette impératrice qui, par une fuite continuelle, par son éventail interposé et par la pratique de la restriction mentale avait pu jusqu'à sa mort cacher le chef-d'œuvre qu'elle s'était elle-même créée, nous allons la contempler, sinon directement, du moins telle qu'elle se réfléchit dans la mémoire d'un jeune poète tout préparé par son tempérament et par les circonstances à ressentir la beauté.

Le docteur Christomanos se souvient que j'ai essayé de décrire une méthode pour créer et pour gouverner notre sensibilité, et même, nous raconte-t-il, l'impératrice daignait se plaire à ces petits romans dont il lui donnait lecture ; il pense à juste titre que son analyse lyrique d'une reine qui ne voulut d'autre royaume que sa vie intérieure, qui s'appli-

qua uniquement à s'épurer et à reculer les bornes
de sa rêverie, nous fournira la plus abondante et la
plus poétique contribution au Culte du Moi. Mais qui
sommes-nous pour toucher à ce magnifique poème
où l'imagination du plus pauvre lecteur amassera
d'elle-même un abondant et magnifique commen-
taire? La divine Antigone de Sophocle dit à sa
sœur Ismène : « Depuis longtemps je suis morte à
la vie, je ne peux plus servir que les morts. » C'est
une insensée, pense Créon. « Prince, lui répond Ismène, jamais la raison que la nature nous a donnée
ne résiste à l'excès du malheur. » On aime à trouver dans la langue que préférait l'impératrice Elisabeth les mots qui peuvent le moins offenser sa plaie
vive.

Du point de vue où nous nous plaçons, nous devons bénir ses souffrances. La jeune impératrice
Elisabeth d'Autriche émerveillait ses peuples et la
haute société européenne, mais quel que fût le
romanesque de sa première beauté, on préfé-
rera celle que lui firent les meurtrissures de la
vie. L'Impératrice Eugénie la copiait. Qui donc

pourrait nier ce que des pleurs de sang sur leurs
visages et les stigmates de la vie ajoutèrent à des
charmes de déesse ?

Au seul prononcer de ce nom, l'impératrice Elisabeth, le lecteur imaginatif — et celui-là seul
poursuivra cette lecture — voit de ses propres
yeux un confus amas d'horreurs autour d'un trône
chancelant ! Sa sœur, la duchesse Sophie d'Alençon,
brûlée vive au Bazar de la Charité ; une autre sœur,
qui perd héroïquement un royaume ; son beau-
frère, l'empereur Maximilien Ier, fusillé, le 19 juin
1867, à Queretaro ; sa belle-sœur, l'impératrice
Charlotte, folle de douleur ; son cousin préféré,
le roi Louis II de Bavière, noyé, le 13 juin 1886,
dans le lac de Starnberg ; son beau-frère, le
comte Louis de Trani, suicidé à Zurich ; l'archiduc Jean de Toscane renonçant à ses dignités et
se perdant en mer ; l'archiduc Guillaume tué par
son cheval ; sa nièce, l'archiduchesse Mathilde,
brûlée vive ; l'archiduc Ladislas, fils de l'archiduc
Joseph, tué à la chasse ; son propre fils enfin, le
prince héritier Rodolphe, suicidé ou assassiné, le

3o janvier 1889, au château de Meyerling. Ainsi, chez cette descendante des Wittelsbach, les circonstances extérieures aident les inclinations naturelles. Et la mort vient donner un suprême prestige à cette âme que les coups acharnés du destin avaient travaillée comme une matière rare.

Le docteur Christomanos ne nous fait pas l'histoire des souffrances de l'impératrice Elisabeth. Sans doute, il serait intéressant d'étudier ces cruelles étapes de sa beauté et cette lente altération qui la menait, vivante, dans les solitudes et qui, morte, la sort de la foule vulgaire des ombres. On aimerait une biographie-psychologie pareille à celle que Jacques Bainville vient de consacrer à Louis II de Bavière. Mais nous prendrons l'Impératrice telle qu'on la trouve dans ce « Journal », sur cette table d'anatomie.

Il faut d'abord que l'on sache de qui nous tenons ces précieuses révélations. Regardons ce que vaut l'instrument par lequel nous allons voir, M. le docteur Christomanos.

Il était un petit étudiant d'Athènes qui travaillait tout le jour et fort avant le soir, dans une maison triste et décente d'un faubourg de Vienne. Seulement, quand il cherchait des citations latines pour sa thèse sur « les Institutions byzantines dans le droit franc », parfois il rêvait et soupirait. Au soir tombant, un merle venait se poser sur le toit d'en face et chantait, chantait, jusqu'à ce que l'obscurité effaçât sa petite forme et sa petite voix. Or, voici que l'Impératrice eut le caprice d'apprendre le grec et voulut un jeune Hellène qui la suivît dans ses promenades. On lui désigna l'étudiant. Elle le fit chercher par une voiture de la cour.

Vous connaîtrez ce qu'il y a de défauts et de qualités dans celui qui va être notre guide rien qu'à lire cette première page, charmante d'amour pour la beauté, et dans laquelle nous reconnaissons un frère très lointain, tout imprégné d'orientalisme, de notre Julien Sorel :

« Un valet de pied, vêtu de noir, me reçut à l'entrée du parc, et me signifia que Sa Majesté m'invitait à l'attendre dans le jardin. Il me conduisit à un endroit du parc, près du château, et m'y laissa seul, après s'être profondément incliné devant moi.

Subitement transporté de l'atmosphère grise et
du banal tous les jours de la ville dans cet impérial jardin fermé où ne pénétraient pas les simples mortels, secoué par l'attente d'un événement
décisif, je me trouvais jeté pour ainsi dire hors des
bornes de ma conscience. C'était comme si j'éprouvais tout cela en une autre personne qui pourtant
était bien moi. J'avais le sentiment de rêver un
beau rêve, et je craignais qu'il ne s'évanouît trop
tôt ; d'autre part, le désir impatient de ce qui allait
venir me torturait, comme si je ne pouvais pas attendre le réveil.

« Je ne connaissais l'impératrice que par ses portraits qui la représentaient presque toujours le diadème au front. J'étais plein d'un indicible émoi.
Autour d'un buisson tremblant de mimosa aux innombrables fleurs d'or, des essaims d'abeilles bourdonnaient. De toutes ces petites boules en floraison,
rayonnait, avec leur doux parfum enivrant, un sourire d'or. Certes, elles ne savaient pas qu'elles étaient
là pour moi autant que pour les abeilles, pour que

leur regard, pour que leur souffle embaumé me
rendissent cette heure inoubliable, autant que pour
donner leur miel aux abeilles. Comme les abeilles,
mon sang bourdonnait à mes tempes, et je me disais : « Voilà un monde qui vit sans nous, qui ne
semble pas nous connaître, et qui, cependant, d'une
distance infinie, tend vers nous.

« Je ressens encore la poésie de cette heure d'attente qui m'emportait loin de moi-même vers un
infini lointain, qui me précipitait dans un abîme !
Si bien que, lorsque je revins à moi, j'étais la proie
d'une sensation étrange, comme si du fond crépusculaire et verdâtre des mers, une vague puissante
m'eût jeté sur une terre étrangère et inconnue du
pays de la vie. Et tandis que j'attendais là, mon
cœur s'emplissait de plus en plus de la certitude
que j'étais sur le point de voir apparaître ce que
ma vie aurait de plus précieux.

« Soudain, elle fut devant moi, sans que je l'eusse
entendue venir, svelte et noire.

« Dès avant que son ombre m'eût atteint pour
me tirer en sursaut du rêve où je m'abîmais, je

sentis son approche, et cette sensation surgit juste avec sa venue, et cependant me sembla être née en moi depuis bien longtemps, comme si j'avais vécu avec elle des heures et des années. Elle était devant moi, un peu penchée en avant; sa tête se détachait sur le fond d'une ombrelle blanche que traversaient les rayons du soleil, et qui mettait une sorte de nimbe léger autour de son front. De la main gauche, elle tenait un éventail noir légèrement incliné vers sa joue. Ses yeux d'or clair me fixaient, parcourant les traits de ma figure, et comme animés du désir d'y découvrir quelque chose. Ont-ils trouvé ce qu'ils cherchaient? Est-ce plus tard seulement qu'ils me sourirent, ou bien ont-ils eu pour moi, dès le prenier jour, ces rayons souriants?

« En cet instant, je n'avais pas le temps de réfléchir à cela, et les sentiments que je distingue aujourd'hui si clairement n'existaient alors qu'en germe, inconsciemment et momentanément réunis en moi. Je ne sus tout de suite qu'une chose : c'était Elle. Et j'eus aussi une grande surprise : comme elle ressemblait peu à tous les portraits que je connaissais d'elle ! C'était un être tout autre, et pourtant c'était l'impératrice : j'étais devant une des apparitions les plus idéales et les plus tragiques de l'humanité. Ce que je lui dis alors ? J'ai honte de le rappeler à mon imagination. Je balbutiais quelques phrases embrouillées sur ma joie et le grand honneur… Mais elle me tira de mon grand embarras en disant, les yeux rayonnants d'une grâce infinie :

« Quand les Hellènes parlent leur langue, c'est comme une musique. »

Que parlai-je de Julien Sorel. Cet étudiant hellène, c'est un jeune frère de la jeune Esther quand elle s'évanouit devant Assuérus. On croit entendre, plus délicat et plus approprié à ce professeur de grec le vers racinien :

Esther, que craignez-vous ? suis-je pas votre frère ?

A la suite de ce guide d'une folle sensibilité unie au goût des plus rares fantaisies esthétiques, pénétrons un instant dans l'intimité d'Elisabeth d'Autriche. Lisons ensemble le récit que nous donne M. Christomanos de son premier séjour à la Hofburg :

« Mon appartement se trouve dans l'aile léopoldine. On arrive du Franzensplatz, à côté du corps
de garde, par un étroit escalier en colimaçon, jour
et nuit éclairé au gaz, — « l'escalier des confiseurs »,
— à un long corridor tapissé de nattes, — « le passage des demoiselles ». Une suite de portes avec
des noms de dames d'honneur sur des cartons
blancs. Tout au bout, des gardes de la Burg qui
vont et viennent lentement avec des cliquetis de
sabres. A ma surprise, je lis sur une de ces portes
mon nom. C'est l'étiquette de mon existence à venir
dans l'armoire à tiroirs de la cour. Ma chambre est
vaste, mais basse de plafond. Un parquet poli
comme un miroir, sur lequel le feu du poêle fait
glisser de rouges feux follets. Teintures et meubles
à rayures grises et blanches. Une grande double fenêtre donne sur la place extérieure du château et
sur le Volksgarten que maintenant un crépuscule
gris enveloppe. Un paravent de soie rouge devant le
lit que recouvre aussi une lourde soie, — tout, du
reste, d'une distinction très simple.

« Le même soir, l'impératrice me reçut. Un domestique de service privé vint m'avertir que Sa Majesté avait appris mon arrivée et me priait de me rendre près d'elle. Je me hâtai vers elle, à pas muets sur les nattes, tout le long du couloir, parmi des laquais et des femmes de chambre qui chuchotaient, puis, après un coude, par un corridor plus large, qui traverse l'aile de l'impératrice Amélie. C'est la partie du château qui regarde le Franzensplatz du gros œil de son horloge, étincelant le soir ; elle est habitée exclusivement par l'Impératrice et sa suite. Par une porte secrète, j'arrivai au grand escalier d'honneur, puis, un étage plus bas, sur un palier, où un garde de la Burg en grand uniforme était planté immobile devant une portière de velours ; derrière cette portière, un vestibule de style empire, avec ce luxe froid et nu des antichambres princières où l'on gèle si atrocement quand on n'est pas un laquais. Plusieurs huissiers à bas blancs, culottes vert amande, s'inclinèrent devant moi jusques à terre, les portes s'ouvrirent comme d'elles-mêmes, et je me trouvai à l'improviste dans une seconde pièce qui était encore plus somptueuse, mais dont l'accueil me fut moins fermé et moins hautain. Là, un huissier en frac noir vint à ma rencontre. Et, à ce moment, je m'aperçus que j'avais pris instinctivement une nouvelle allure, et que je la soutenais avec une grande virtuosité ; ici, il s'agit de marcher sans s'arrêter et sans hâte, en glissant sur le parquet plutôt qu'en le foulant, sans butter aux saluts ni aux révérences. Le valet de chambre de l'impératrice, également en frac noir (la livrée de deuil privée de l'impératrice), sortit de la porte opposée, s'inclina profondément, et disparut aussitôt par la même porte, sur la pointe des pieds, pour m'annoncer. Tous ces gens retenaient leurs souffle et leur âme, et n'étaient que frac et pointes des pieds. Et alors, la porte s'ouvrit à deux battants, sans bruit. Derrière un paravent de soie rouge, j'entrai dans une salle vaste et brillamment éclairée. Les murs étaient tendus de soie rouge, et devant mes yeux scintillaient meubles dorés, larges et profonds miroirs tenant des panneaux entiers, et grands lustres pendants. Une atmosphère d'une pureté presque immatérielle s'exhalait vers moi.

« D'une porte opposée, qui était ouverte, et laissait voir un petit salon, l'impératrice vint à ma rencontre. Les murs scintillaient de rouge sombre, les flammes sans nombre ruisselaient sur les dorures et rejaillissaient de la profondeur des miroirs, les cristaux en losange des lustres étincelaient comme des pierres précieuses suspendues, et l'impératrice, vêtue de noir, se tenait devant moi, souveraine de tout cet éclat. Elle me salua, d'abord, de loin, et me dit qu'elle se réjouissait de me revoir près d'elle. Et dès qu'elle eut ouvert la bouche et que sa voix eût résonné, le rayonnement autour d'elle pâlit. Ainsi je connus qu'elle était plus rayonnante encore que tout ce qui l'entourait. Je savais déjà, avant d'entrer, ce que je trouverais ici, et pourtant j'étais ébloui. Nous nous promenâmes, une heure durant, sur le tapis mat, où le pied s'enfonçait comme dans un jeune gazon, dans des flots de lumière dont l'attouchement, comme un air tiède, agissait plus musicalement encore.

« Tout autour se dressaient les meubles dorés, à de longues distances, et dans un calme parfait,

2*

comme des objets enchantés. Dans cette pièce, sur
ces meubles, ne se posait ni rire ni pleur, nulle ligne
ne remuait ni ne changeait de place. Des grands
miroirs, qui prolongeaient la pièce en des lointains
infinis, comme sous des masses d'eau transparentes,
la lumière rebondissait, comme une buée fluide d'or
et de sang. Je regardai autour de moi et reconnus
l'air de l'étiquette espagnole qui se levait des coins
sombres vers les portraits princiers dans leurs
cadres lourds. »

Quelques jours plus tard, le jeune Christomanos,
appelé à Schœnbrunn auprès de l'impératrice, voit
des cordes, des appareils de gymnastique et de suspension fixés à la porte qui mène du salon au boudoir. « Je la trouvai justement en train de « faire des
anneaux ». Elle portait une robe de soie noire à
longue queue, bordée de superbes plumes d'au-
truche, noires aussi. Elle avait à recevoir quelques
archiduchesses. Je ne l'avais jamais vue habillée
avec tant de pompe. Suspendue aux cordes, elle
faisait un effet fantastique, comme d'un être entre le
serpent et l'oiseau. Pour poser les pieds à terre, elle

dut sauter par-dessus une corde tendue assez bas.
« Cette corde, dit-elle, est là pour que je ne désapprenne pas de sauter. Mon père était un grand
chasseur devant l'Eternel, et il voulait nous apprendre à sauter comme les chamois. » Puis elle
me pria de continuer la lecture de l'*Odyssée*. »

Dans tous ses châteaux, l'Impératrice avait fait
peindre Titania caressant la tête d'âne. « C'est la
tête d'âne de nos illusions que nous caressons sans
trêve, » disait-elle. On comprend la vie par les éléments qu'elle nous donne et avec l'âme qu'on reçut
de ses pères. Cette personne singulièrement née jugea
toutes choses, comme fait Hamlet, d'après la vue de
cour. Une existence infiniment luxueuse, une
humanité infiniment fourbe (par platitude et par
diplomatie) développent chez un être délicat des
besoins et des tristesses heureusement inconnus à
la foule laborieuse.

La satiété et le mépris, voilà, si l'on écarte cet
enchantement de poésie, les deux caractères que
l'on distingue d'abord chez l'impératrice. Elle n'aimait plus qu'une chose, impossible à trouver : le

pur, le simple, la nature dépouillée de tout artificiel. Ce besoin, qu'elle sait bien ne pouvoir satis-
faire, commande toutes ses opinions : « Moins les
femmes apprennent, disait-elle à Christomanos,
plus elles ont de prix, car elles tirent d'elles-mêmes
toute science. Ce qu'elles apprennent ne fait à vrai
dire que les égarer ; elles désapprennent une partie
d'elles-mêmes pour s'approprier imparfaitement de
la grammaire ou de la logique. C'est une illusion
d'alléguer qu'ainsi cultivées elles donneront des
fils intellectuellement mieux doués. Et, pour
aider les hommes dans leurs affaires, elles ne doivent pas leur souffler des conseils et des pensées,
mais par leur seul contact elles doivent éveiller et
faire mûrir chez les hommes des idées et des résolutions. »

Ceux qui ont quelque habitude des atténuations
que les personnes bien élevées se plaisent à donner
à leurs pensées distingueront la force de ce cerveau
qui comprenait, à une époque où ces simples notions
sont étrangement méconnues, que les êtres peuvent
seulement porter les fruits produits de toute éter-

nité par leur souche. Elevée d'instinct par sa délicatesse esthétique à cette vérité scientifique des naturalistes, l'impératrice disait un autre jour : « La culture se rencontre même dans les déserts de l'Arabie, sur les mers et les prairies solitaires. La civilisation étouffe la culture ; elle réclame pour soi chaque être humain et nous met tous dans une cage. La culture, chaque homme la porte en soi *comme un legs de toutes ses existences antérieures*. Souvent la civilisation et la culture viennent de directions opposées et s'entrechoquent ; alors l'être humain est dégradé. Les pauvres, quelles victimes ! On leur a pris la culture, et en retour on leur montre la civilisation dans un lointain inaccessible. »

Des vues aussi saines, où nous vérifions, une fois de plus, la concordance de l'instinct et de la science, la rendaient méprisante pour les cuistres. Elle aimait à réciter avec l'accent le plus ironique ces vers de Heine : « Le monde et la vie sont trop fragmentaires : je veux aller trouver le professeur allemand. Celui-là sait harmoniser la vie, et il en fait un sys-

tème intelligible : avec ses bonnets de nuit et les
pans de sa robe de chambre, il bouche les trous de
l'édifice du monde. »

Ces accents stridents, ces états nerveux qu'elle
appréciait si fort chez Heine et qui sont proprement des accès méphistophéliques, lui étaient familiers. C'est une sorte de désespoir, où l'humilité et
l'orgueil se combattent ; c'est d'une nature hautaine
qui raille les conditions mêmes de l'humanité.
Aspirer si haut et trouver si bas ! Un jour, à Miramar,
contemplant le pavillon où sa parente l'impératrice
Charlotte enferma sa folie à son retour du Mexique,
elle murmure, après une longue rêverie : « Un
abîme de trente ans plein d'horreur ! Et avec cela
on dit qu'elle engraisse ! »

Des railleries de cette qualité et dans un pareil
moment offensent la piété des gens simples. Mais
ne semble-t-il pas au lecteur que des états analogues existent chez le philosophe ? Epris des plus
beaux cas de noblesse, il vit dans le siècle, il en
voit la duperie et devient dur. Il est amené à considérer les choses sous un aspect immoral, parce

qu'il les regarde d'un point où bien peu de personnes se placent. L'impératrice Elisabeth cherchait toujours à sortir de la vie, à ne se laisser posséder ni par les choses, ni par les êtres. « Quand je me meus parmi les gens, je n'emploie pour eux que la partie de moi-même qui m'est commune avec eux. Ils s'étonnent de me trouver si semblable à eux. Mais c'est un vieux vêtement que, de temps en temps, je tire de l'armoire pour le porter quelques heures. »

On sait qu'elle interposait constamment son éventail, son ombrelle, entre son visage et les regards. Ceux-ci paraissaient vraiment la faire souffrir. Ils la privaient d'elle-même. « Nous devons songer autant que possible à sauver au moins quelques instants pendant lesquels, chacun à notre manière, nous puissions pénétrer dans notre propre vie. Eh bien ! quand je me trouve toute seule dans un site solitaire, dont je sais qu'il fut peu fréquenté, je sens que mes rapports avec les choses diffèrent absolument de ce qu'ils sont si des humains m'entourent. A cette différence seulement, je me reconnais moi-même. » Un autre jour elle disait : « Nous n'avons pas le temps d'aller jusqu'à nous, tout occupés que nous sommes à des choses étrangères. Nous n'avons pas le temps de regarder le ciel qui attend nos regards. » Elle s'exprimait enfin dans cette magnifique image, d'un surprenant raccourci, lourde et sombre et qui fait miroir à nos plus secrètes pensées : « J'ai vu une fois à Tälz une paysanne en train de distribuer la soupe aux valets. Elle n'arriva pas à remplir sa propre assiette. »

C'est à réfléchir sur l'émotion éveillée en nous par la femme qui put, au hasard d'une promenade, laisser s'évader de son âme une telle pensée, que nous vérifions la vérité et la magnificence de sa théorie du tragique. « Je crois, disait-elle, que les conflits tragiques agissent moins par eux que parce qu'ils nous mettent dans un tel état que nous croyons nous approcher de quelque chose d'indéfini et que nous attendons toujours dans notre vie. Ce sont des passions ordinaires que l'on met sous nos yeux, mais nous les reconnaissons, cependant, pour quelque chose d'autre que ce pour quoi elles se donnent. Ce n'est point par le tragique du théâtre que nous sommes pris, mais par des vues plus profondes qui ont été éveillées dans notre cœur. » Un autre jour, elle disait : « La joie n'est qu'une chose éphémère, un épisode, en attendant la passion qui doit venir. Celle-ci vient toujours, car elle est l'attente de la destinée que notre vie a pour but d'atteindre ; elle est la chose la plus triste et par là la plus magnifique qui soit au monde. Tous les êtres qui sont beaux attendent leur destinée, et ils sont tristes aussi, quand ils n'en sont pas détournés. »

Si vous voulez comprendre davantage cette personne extraordinaire qui trahit ses angoisses de nerveuse dans ces grandes vérités à demi-voilées et qui faillit elle-même s'anéantir sans rien nous livrer des beautés qu'avaient suscitées en elle la préparation des siècles et ses douleurs, voyez-la, celle qui fut d'abord une Titania caressant la tête d'âne de ses illusions, voyez-la finir comme un roi Lear, trahie par tous ses beaux rêves.

Je ne sais rien de plus émouvant et qui donne
mieux l'impression d'une génialité cherchant éper-
dument un milieu favorable que les fuites continuelles
de cette impératrice, et surtout ce jour où elle entraîna
le jeune Christomanos à Schœnbrunn, sous une
pluie de neige fondue, dans une tempête de vent,
à travers de grandes flaques d'eau. « Nous courons
comme des grenouilles dans les marais, dit-elle.
Nous sommes comme deux damnés errant dans le
monde infernal. Oui, pour beaucoup de gens, ce
serait l'enfer. Pour moi, c'est mon temps préféré,
car il n'est pas pour les autres, je puis en jouir
seule. A vrai dire, il n'est là que pour moi, comme
les pièces de théâtre que le pauvre roi Louis se faisait jouer pour lui seul. Encore ce plein air est-il
beaucoup plus grandiose. » Et elle ajoute : « Certes,
je voudrais que l'ouragan fût encore plus enragé,
car on se sent alors si proche de toutes les choses,
comme en conversation avec elles ! »

On touche ici aux parties les plus élevées de
cette rare nature. Avec le strident des violons
tziganes qui pleurent et sourient, elle nous fait

entendre l'hymne panthéiste, l'acceptation, la mort,
la vie dispersée dans les choses ; et parfois les profondes clameurs de la mer viennent doubler cette
plainte demi-étouffée.

« Sur la mer, dit-elle, ma respiration s'élargit.
Elle se règle sur la houle. Quand les lames deviennent plus larges, je commence à respirer plus
profondément. La mer nous déshumanise, ne souffre
rien en nous de l'animalité terrestre. Dans la tempête, je crois souvent que je suis devenue moi-
même une vague écumante. »

Quand elle arrive à cette élévation de pensée,
cette rare créature égale ces grands maîtres de
l'humanité qui firent leur principale étude d' « accepter » et de mourir, de mourir continuellement.
L'un d'eux s'exprima-t-il jamais avec plus de magnificence que le jour où cette femme déclare :
« L'idée de la mort purifie et fait l'office du jardinier qui arrache la mauvaise herbe dans son jardin. Mais ce jardinier veut toujours être seul et se
fâche si des curieux regardent par-dessus son mur.
Ainsi je me cache la figure derrière mon ombrelle

et mon éventail, pour que l'idée de la mort puisse jar-
diner paisiblement en moi. »

Quelles devaient être ses pensées le jour où Christomanos, dans l'aube de Corfou, les troubla? La
scène se passe au Palais d'Achille. « Hier, au petit
jour, écrit Christomanos, je me suis levé et je suis
allé — sans savoir pourquoi — tout droit, par
l'escalier des dieux, sur la terrasse d'Hermès. Un
blanc reflet surgissait à l'est, derrière les croupes
noires des montagnes, dont les corps immergeaient
dans l'obscurité, comme dans les ténèbres de leurs
propres ombres. De la mer, que l'on devinait, plus
qu'on ne la voyait, en une immense pâleur noyée,
montaient les fraîcheurs humides du matin. Au
ciel, presque toutes les étoiles s'étaient éteintes;
une seule, d'une terrifiante grandeur et magnificence, était au zénith. C'était Sirius. Au-dessous
se dressait dans l'air un grand cyprès noir, dont le
faîte s'inclinait légèrement sous un souffle de brise
que l'on ne sentait ni n'entendait... Soudain, je la
vis glisser, comme une ombre, entre les colonnes
du blanc palais. Je fus extrêmement surpris de la

trouver là à cette heure, et je voulus me retirer ;
mais elle s'approcha, rapide comme un ange noir
qui aurait à défendre un paradis, et me dit : « Je
suis toujours ici avant le lever du soleil pour voir
comme tout s'éveille. Il ne faudra plus monter jusqu'ici à cette heure. C'est le seul moment où je sois
tout à fait seule. »

Voilà une indication, insuffisante pourtant et qui
irrite nos plus nobles curiosités, sur les mystères
et les énigmes où s'épuisent les intelligences hau-
taines. Mais surtout nous voyons les ravages de la
satiété et la névrose des tout-puissants.

L'audace et l'ironie amère, l'invincible dégoût
de toutes choses, le sentiment perpétuel de la mort
et même ces enfantillages esthétiques d'une mélan-
colique qui cherche à s'étourdir me font considérer
ces « Idées et sensations » d'Elisabeth d'Autriche
comme le plus étonnant poème nihiliste qu'on ait
jamais vécu dans nos climats. Il semble que chez
cette duchesse en Bavière des fusées orientales
soient venues irriter les forces du rêve. Cet accent
sceptique et fataliste, ce mépris absolu des choses

d'ici-bas, cette perpétuelle contemplation ou mieux cette constante présence de l'idéal indiquent une âme ardente et blasée, mais d'une qualité esthétique que je trouve seulement chez ces incomparables soufis persans qui couraient le monde dans la familiarité de la mort. Et cette volupté de la satiété où s'enfonçait avec une complaisance si douloureuse cette impératrice évoque certains rêveurs mystérieux des trônes asiatiques.

Bien entendu, je ne prétends point donner par ces rapprochements une explication ; mais, comme un air de musique parfois nous transporte dans un paysage, l'atmosphère de réserve silencieuse et de sensibilité bizarre qui flotte autour de l'impératrice évoque pour moi ces cours des Khalifes où la plus monotone philosophie du néant, parfois avec mièvrerie, développe ses sentences au milieu de drames qui la justifient.

Pourquoi poursuivrais-je davantage la tâche impossible de rendre intelligibles ces incomparables angoisses ? Ces psaumes monotones, ceux que nous appelons les heureux de ce monde, les ont répétés à maintes reprises depuis Salomon. Aussi bien, en dehors de l'atmosphère des cours, nous avons entendu des pensées analogues. Il y manquait seulement ce qu'une impératrice adulée peut ajouter d'accent blasé à cet éternel gémissement. Mais ces états de faiblesse irritable, ces angoisses sans cause, ces vagues inquiétudes, ces noires lycanthropies, c'est la sécrétion particulière aux natures supérieures. Avec une régularité qui mènerait au désespoir les hommes assez imprudents pour s'attarder à réfléchir sur notre effroyable impuissance, nous mettons éternellement nos pas dans les pas de nos prédécesseurs. Tous les grands poètes ont souffert, comme Elisabeth d'Autriche, de la vulgarité du siècle ; ils se sont sentis soulevés au moins de désir vers un plus haut idéal ; ils ont éprouvé cet éloignement pour les intelligences obtuses et courtes, contentes d'être, satisfaites du monde et de la destinée. C'est l'état de sensibilité d'où sortent les grandes singularités artistiques ou religieuses qu sont l'honneur de l'humanité. Qu'importe le fond des doctrines ! C'est l'élan qui fait la morale. Ce qu'un Pascal appelle « vivre pour l'éternité », c'est ce que nous appelons « s'observer, comprendre le néant de la vie ». Mais cette satiété qui réclame à toutes les minutes les assaisonnements de la mort, n'impressionne jamais autant que chez une femme divinisée par sa beauté, son diadème et sa solitude, par ses malheurs dont elle se délivrait en se réfugiant en elle-même, et par son assassinat qui ne put l'émouvoir car elle avait devancé la mort.

Quand une brute menée par cette Fatalité qui préside aux tragédies antiques l'accosta sur le trottoir du lac, près de l'hôtel Beau-Rivage, sans doute l'impératrice participait toujours à ce que le vulgaire appelle la vie, puisqu'elle réagissait encore, mais, n'ayant plus de but, de volonté ni rien qui lui fût, elle était, selon le philosophe, une étrangère à l'existence et vraiment une morte.

Le cœur percé de cette petite lame, elle continue encore à marcher. C'est seulement sur le pont du bateau qu'elle s'affaisse, et alors elle demande : « Qu'y a-t-il ? » C'est elle qui meurt, et elle demande : « Quoi ? »

Cette haute figure poétique n'est arrivée à la lumière que par accident. Les personnes de cette nature, dans tous les milieux, souffrent beaucoup de la sottise des hommes; elles apprennent qu'il ne fait pas bon penser tout haut parmi eux. Si dans leur jeunesse elles se laissent aller parfois à manifester ce qu'il y a de singulier dans leur vie intérieure, elles le regrettent très vite; dès lors, elles s'effacent volontairement derrière le personnage qu'il leur faut faire et elles renoncent à ce qui pourrait leur attirer la haine ou la sympathie. D'ailleurs, ce goût et ce besoin de solitude claustrale, c'est encore moins prudence devant la vie qu'obéissance à des instincts et à des goûts de tristesse; elles ne souffrent pas d'être ce que le monde appelle « enseveli vivant ».

Le docteur Christomanos avait-il le droit d'arracher à cet *in pace* volontaire celle qu'il livre à la société des poètes? Jeune, frémissant de rêves et né pour leur donner un verbe, il n'a pas su, auprès de cette impératrice d'une si puissante poésie, crever ses yeux et couper sa langue. Il raconte ce qu'il a vu, et vraiment ne traduit-il pas en rythmes admi-

rables les enchantements dont il subit la magie? Si,
enflammé d'une telle approche, il a détourné quelque
chose d'un brasier qui aspirait à se consumer tout,
on ne doit pas l'accuser de rapt, mais de ravissement. Il n'a pu rejeter à la mer la coupe qu'un
hasard — providentiel, peut-il croire — lui per-
mettait de soustraire au gouffre d'oubli. Je n'ai vu
nulle part qu'on blâmait l'indélicatesse des amis de
Virgile, qui refusèrent de détruire l'*Enéide*, comme
à son lit de mort il avait commandé.

Hélas! tant qu'elle gît sur le sable du gouffre,
la coupe du roi de Thulé irrite notre sens du mystère et veut que pour la sauver nous franchissions
certaines difficultés, mais que vaudra-t-elle, si on
la fait circuler parmi des convives recrutés sur la
place publique et gorgés de boissons grossières?
Plaise au ciel que l'impératrice Elisabeth, cette
âme repliée sur elle-même, et fiévreuse de sympathie pour les domaines de l'invisible, ne devienne
pas un thème littéraire et, comme on dira sans
doute, une figure esthétique! Voyez ce qu'on nous
a fait de son cousin, Louis II : un cadavre romanti-

que étendu sur la grève du lac Starnberg et déjà gâté
par les commentaires qui s'y traînent en colonies
informes et visqueuses. Il faut le granit de Pascal,
de Rousseau, de Byron et de Châteaubriand pour
résister à ces parasites qui déshonorent et déforment
très vite des figures un peu flottantes, capables de
susciter nos méditations, mais qui négligèrent de
se réaliser dans une forme d'art et d'échanger leur
mobilité séduisante contre la fixité de la perfection.

Si nous voulons maintenir autour de cette impératrice la solitude qu'elle aimait tant et qu'on
doit tenir pour l'élément nécessaire de sa beauté,
prodiguons-lui les blâmes qu'aucune âme vigou-
reuse ne ménage à ces natures qui méconnaissent
le sens de la vie, qui négligent de se rendre utiles
et qui se perdent dans les problèmes, insolubles
et par là puérils, de la contemplation. N'avons-
nous pas à notre disposition une formule mémo-
rable qu'Auguste Comte tenait de Mme Clotilde de
Vaux : « Il est indigne des grands cœurs de répandre le trouble qu'ils ressentent. »

Maurice Barrès.

ÉLISABETH DE BAVIÈRE
IMPÉRATRICE D'AUTRICHE

Au mois de mai 1891, mon frère et moi, habitant Vienne, nous logions dans une grande maison de rapport de l'Alserstrasse, chez une pauvre jeune femme qui était presque veuve, car son mari se trouvait dans une maison de fous. Elle avait réuni, dans nos chambres, tous ses meubles des temps heureux, et s'était serrée dans un cabinet étroit et dénudé, avec sa fille, une enfant de trois ans qu'elle nommait Gretinka. Cette Gretinka pleurait chaque fois qu'on la regardait sans lui sourire. Le beau mobilier de notre appartement, et le cabinet dégarni, et la sensible Gretinka qui trouvait si terrible la vie sans sourire, tout cela me paraissait, alors, fort touchant.

Mon frère Antoine était étudiant en médecine et préparait son premier examen. Quant à moi, j'étais sur le point de terminer mes études à la faculté de philosophie et me proposais d'aller passer les vacances prochaines à Innsbruck, pour y élaborer, sous la direction d'un célèbre professeur de droit historique, ma thèse de doctorat sur les « Institutions judiciaires byzantines dans le droit des Francs ». En hiver, je prendrais mes grades à Vienne.

Nous vivions simplement et tranquillement, rentrés à la maison avant la porte fermée, pour nous enfouir dans nos livres. A peine si nous échangions un mot tout le long des longues soirées. Et quand nous ouvrions les fenêtres, qui donnaient sur une cour profonde et muette comme un abîme, le bruit de la rue arrivait à nous par-dessus les toits, affaibli et confus, et parfois aussi un subtil parfum, émané de quelque invisible jardin ou peut-être des pots de fleurs qu'une fille maigre et blonde, en face de nous, tous les jours arrosait. Mais tandis que j'étais assis à ma table, et qu'à la lueur jaune de la lampe, je noircissais de petits feuillets ou cherchais des citations latines sur le « Mundium » et les « Bénéfices ecclésiastiques », de lumineuses perspectives sur des sites bienheureux s'ouvraient aux yeux de mon âme, pays que j'avais entrevus jadis ou jamais, glorifiés et combinés maintenant en tableaux fantastiques. C'était un incessant et silencieux envol sans fatigue ni conscience de l'heure, essence et parfum de voyage. Et je soupirais profondément par regret nostalgique de quelque chose d'inimaginable et d'inouï. Mon frère, qui remarquait mon regard fixe et perdu, me disait parfois, lorsqu'il se décidait à parler :

— Si tu t'y prends ainsi, tu n'en finiras jamais. Il ne faut pas s'abandonner à ses sentiments : ce sont des courants contraires qui emportent à la dérive toute pensée réelle.

De bonne heure, quand nous ouvrions les croisées et qu'un air frais et vierge nous enveloppait, fleurant le matin d'été (tel on n'y croirait pas en ville), et que les toits d'en face se doraient, ce m'était l'annonciation d'un autre monde insoupçonné et inaccessible dont mon âme était assoiffée.

Notre hôtesse entrait souvent chez nous pour bavarder. Mon frère supportait mal ce dérangement, car, alors même qu'il n'avait aucun livre ouvert devant lui, il continuait, semblait-il, à lire en esprit. Mais moi, je me prêtais volontiers à ces expansions, enclin à m'abuser sur la fuite du temps et sur la mesquine réalité de ma propre vie.

Après déjeuner, je rentrais à la maison et travaillais, tandis que, dehors, le soleil brillait si joyeux, et que les jardins étaient si touffus et pleins de fleurs — jusqu'à la tombée du soir. Alors, chaque fois, un merle venait, et se posait sur le faîte du toit d'en face, et chantait, longuement, dans le crépuscule — toujours sur le même toit, toujours à la même heure, jusqu'à ce que lui et son chant se fussent évanouis dans l'obscurité. Nous l'attendions avec passion, mon frère et moi. Nous n'en parlions pas, mais je crois bien que si Antoine rentrait toujours à cette heure, quand il était sorti, c'était uniquement pour ne pas manquer le merle.

Je lui dis un jour, pendant que le merle chantait :

— Ne sens-tu pas combien notre vie s'écoule monotone et sans joie ? Je crois l'entendre qui ruisselle.

Et lui, de me répondre :

— Il ne faut pas penser à des choses si tristes.

Car toujours il était de nous deux le plus sage, et moi l'exalté.

Soudain quelque chose de tout à fait inattendu, d'énorme advint.

Un laquais apporta une lettre de M. Nicolas Dumba, très haut personnage de notre connaissance, et qui nous était même un peu parent. Je ne sais où est passée la lettre, mais il y avait là, noir sur blanc, que l'un de nous devait se rendre immédiatement à la Burg auprès du baron Nopcsa, grand-maître de la cour de Sa Majesté l'Impératrice, parce que Sa Majesté demandait un jeune Hellène qui lui apprît le grec et l'accompagnât quelques heures dans ses promenades, — et nous lui avions été désignés.

Longuement, nous nous regardâmes sans mot dire. Nous savions, un peu vaguement, que l'impératrice étudiait le grec ; lors de la mort de l'archiduc Rodolphe, nous avions lu dans les journaux bien des détails sur elle. Mais depuis, nous ne nous étions pas autrement occupés de sa personne. Du reste, le temps nous en manquait.

— Vois-tu, dis-je enfin à mon frère, n'ai-je pas raison de dire : Chaque fois que le facteur frappe à notre porte, c'est la Destinée qui est là dehors et qui demande à entrer ? O les terribles instants où, entre la Destinée et ses victimes, il n'y a que la planche d'une porte !

— Il est certain que c'est toi qui dois y aller, répondit mon frère.

— Es-tu fou ? m'écriai-je. Tu entends bien qu'il faut l'accompagner à la promenade, des heures durant. Sans doute qu'elle pense à quelque coureur olympique. Moi, avec ma taille ! De nous deux, tu es, au moins d'aspect, le plus sain.

— Moi ! Elle prendra peur quand elle me verra si maigre !

— Mais, en tout cas, tu représentes mieux !

— Rien que ça ? dit mon frère. Et puis, je n'ai pas le temps ! Somme toute, tu parles mieux.

Longtemps nous nous disputâmes, chacun mettant en lumière les d'ailleurs peu encombrantes qualités de l'autre pour s'abriter derrière sa propre insuffi-

sance. Enfin, je persuadai à mon frère d'aller à la
Burg. Revenu, il était fort ému de la grande bonté
que Son Excellence le baron Nopcsa lui avait témoi-
gnée. Il me raconta que, dès le lendemain, chaque
jour, une voiture de la cour passerait, vers dix heures
du matin, à la maison pour le prendre, et le ra-
mènerait le soir. Mais en me racontant cela, il avait
l'air d'un chien battu. Et moi, étrange, je me ré-
jouissais de son bonheur, mais non sans une vague
tristesse, car, en ma résignation fataliste, je me disais que le bonheur était entré dans cette chambre,
mais qu'il avait glissé à côté de moi, parce qu'il ne
m'était pas destiné.

Le portrait de l'impératrice que nous étions habitués à voir tous les jours, soit chez le coiffeur, soit
au restaurant, et auquel, chaque fois, nos regards,
involontairement, restaient attachés (parce qu'Elle
était si indiciblement belle), s'imposait maintenant,
un peu partout, à mes yeux, sous une tout autre
lumière, et, pour ainsi dire, avec une profonde signification symbolique. De tout temps ces portraits
pendaient là pour nous, afin que nous les vissions :
incompréhensible présage de ce qu'Elle nous deviendrait, après avoir effleuré notre vie...

Maintenant c'en était fait des paysages chimériques éclos entre les lignes de mes livres, durant le

concert du merle vespéral. Et pas de goût non plus (oh ! du tout) pour les potins de notre patronne.

Une grande inquiétude était entrée dans ma vie et avait agité son eau dormante. Avec impatience j'attendais chaque soir que mon frère fût de retour de Lainz...

Quel rassemblement dans la rue, lorsque, pour la première fois, la voiture de la cour s'arrêta devant notre porte ! De la pâtisserie, et du débit de tabac, de la mercerie, de tout le voisinage, les gens accoururent et formèrent la haie. Notre hôtesse, hors d'haleine, me raconta cette scène. Jusqu'à ce que la voiture eût disparu dans les lointains de l'Alsergürtel, les bonnes gens l'avaient suivie des yeux ; puis l'on était resté cloué sur place, chuchotant à voix basse. Je m'imaginais aisément l'état d'esprit de mon frère au milieu de tout cet appareil ; aussi ne l'avais-je pas accompagné en sa première et significative sortie devers le fabuleux carrosse. Avec sa sensibilité presque douloureuse, sa maladive crainte de la foule et de toutes les manifestations bruyantes de l'existence, il fut, sans nul doute, emporté par sa voiture à demi évanoui.

Quand il revint, je lus sur ses traits quelque chose d'intensément ressenti et même de péniblement supporté. Sa bouche se contractait en un

blême sourire qui ressemblait plus à des pleurs con-
tenus qu'à toute autre chose. Et il est toujours ainsi,
mon frère, quand l'extraordinaire lui arrive : une
nouvelle inattendue, un grand malheur, même l'idée
de la mort amènent ce sinistre sourire sur ses lèvres ;
tandis que, dans le cours de la vie vulgaire, il garde
un sérieux amer. Je lui posai quelques questions,
mais d'abord il ne voulut presque rien me conter. Je
sentis qu'en ce moment il dédaignait d'instinct les
mots ordinaires comme impropres, parce qu'ils
n'allaient pas assez profond. Enfin il dit seulement :

— Elle a été extrêmement bonne pour moi ; Elle
est beaucoup plus belle qu'en ses portraits ; Elle est
indescriptible ; Elle parle tout doucement, et tout lentement, d'une voix qui chante. Nous nous sommes
promenés pendant deux heures dans le jardin, et
nous avons parlé d'une foule de choses. Elle m'a
questionné sur papa et maman, nos frères et notre
sœur et surtout sur toi. A la fin, je ne savais que
répondre. Je lui ai parlé de l'université et de la médecine. Cela l'a beaucoup intéressée. Elle m'a déclaré qu'elle ne croyait pas à la médecine : tout au
plus à la méthode homéopathique. Les hommes,
a-t-Elle dit, veulent être trompés de manière ou
d'autre, et, après tout, les plus petites doses sont les
moins nuisibles... Elle m'a demandé si je travaillais

beaucoup, et je lui ai répondu que j'avais encore à
passer mes examens sur vingt matières et à étudier
quelque dix mille pages. Là-dessus, Elle s'est doucement exclamée : « Mais c'est terrible ça ! »

Je m'écriai d'un ton de reproche :

— Qu'as-tu fait là ?

— Bon, Elle peut s'adresser à toi, si Elle veut !

Nous passâmes ce soir comme un soir de fête.
D'abord mon frère voulut rattraper les heures perdues et se mit à lire, rageusement, dans ses livres,
mais il ne put venir à bout d'une seule page. Et
nous décidâmes de sortir. Jusqu'à onze heures pas-
sées nous restâmes au café à feuilleter tous les journaux illustrés, ou autres, qui s'y trouvaient.

Le lendemain matin, même histoire. La concierge
monta chez nous pour dire que la voiture de la cour
était là, une fois encore. « Aujourd'hui, c'est des chevaux blancs. C'est ça une voiture ! Oh ! là, là ! rien que
de la soie ! » criait-elle, de l'escalier, avant d'entrer,
essoufflée, mais rayonnante d'orgueil et d'enthousiasme patriotique. Au milieu d'un encore plus considérable attroupement que la veille, filant entre deux
haies de regards perçants et de bouches béantes, mon
frère partit au gras piaffement des beaux chevaux
blancs. Vers midi une forte pluie se mit à tomber. Il
revint épuisé, les vêtements trempés. Il raconta que la

pluie les avait surpris, très loin du château. Lui n'a-
vait pas de parapluie. Ils avaient continué leur promenade sous les grands arbres du parc. De retour au
château, il était tout transi. L'impératrice lui fit donner d'autres habits et ordonna qu'on allumât du feu
dans la pièce où il se tenait. Il dut attendre là que
ses vêtements fussent à peu près secs. L'impératrice
envoya, à deux reprises, demander, s'il n'avait pas
pris froid.

— Tout est à supporter, disait-il le soir, sauf ce
terrible carrosse. Les gens me regardent comme un
spectre. A la Mariahilferstrasse notamment, au
retour, c'est une vraie torture !

Le lendemain, revenu, il s'écria dès le seuil de la
porte :

— Demain, c'est toi qui iras chez l'impératrice ;
elle veut faire ta connaissance.

— Tu l'as fait exprès, dis-je, parce que tu veux
travailler.

— Non, seulement je lui ai parlé de toi, et quand
nous nous sommes séparés, elle m'a dit par deux
fois : « N'oubliez pas de dire à votre frère qu'il peut
venir demain, à votre place » . . . .

. . . .

. . . .

Un valet de pied, en livrée toute noire, me reçut à la grille du parc, et me signifia que Sa Majesté m'invitait à l'attendre dans le jardin. Il me conduisit à un endroit fixé d'avance, près du château, et m'y laissa seul, après m'avoir tiré une profonde révérence.

Subitement transporté de l'atmosphère grise et du banal tous les jours de la ville dans cet impérial jardin fermé où les simples mortels jamais ne pénétraient, ébranlé par l'attente d'un événement décisif, je me trouvai poussé, pour ainsi dire, hors des bornes de ma conscience et de mon moi. C'était comme si j'éprouvais tout cela en une autre personne qui pourtant était bien moi. J'avais le sentiment de rêver un étrange et délicieux rêve, et je craignais qu'il ne s'évanouît trop tôt ; d'autre part, l'impatience de ce qui allait venir m'exaspérait, comme si je ne pouvais pas attendre le réveil.

Je ne connaissais l'impératrice que par ses portraits qui la représentaient, presque toujours, le diadème au front. J'étais plein d'un indicible émoi. Près de moi, se dressait un tremblant buisson de mimosa aux innombrables fleurs d'or. Des essaims d'abeilles autour bourdonnaient. C'était comme si de toutes ces petites boules en floraison avec leur doux parfum enivrant, un sourire d'or eût rayonné.

Certes, elles ne savaient pas qu'elles étaient là pour moi autant que pour les abeilles, afin que leur regard, afin que leur souffle me rendissent cette heure embaumée et inoubliable, autant que pour donner leur miel aux abeilles. Comme les abeilles, mon sang bourdonnait à mes tempes, et je me disais : « Voilà un monde qui vit sans moi, qui ne semble pas me connaître, et qui, cependant, d'un lointain infini, tend vers moi et m'attend. »

Je ressens encore, ineffable, la poésie de cette heure de merveilleuse angoisse qui m'emportait loin de moi-même vers un horizon de mystère sans limites, qui me précipitait dans un abîme ! Si bien que lorsque je revins à moi, j'étais la proie d'une sensation étrange, comme si d'un crépusculaire et immémorial fond de mer, une vague puissante m'eût jeté sur une plage étrangère et perdue de l'île de la vie. Et tandis que j'attendais là, mon cœur de plus en plus s'emplissait de la certitude que j'étais sur le point de voir apparaître ce que la vie m'aurait offert de plus précieux.

Soudain, ELLE fut devant moi, sans que je l'eusse entendue venir, svelte et noire.

Dès avant que son ombre m'eût atteint pour me tirer en sursaut du rêve où je m'abîmais, je sentis son approche, et cette sensation juste avec sa venue surgit et, cependant, me sembla être née en moi depuis bien longtemps, comme si je l'avais vécue heures et années. ELLE se tenait devant moi, un peu en avant penchée. Sa tête se détachait sur le fond d'une ombrelle blanche irradiante de soleil, d'où naissait une sorte de nimbe vaporeux autour de son front. De la main gauche, elle tenait un éventail noir légèrement incliné vers sa joue. Ses yeux d'or clair me regardaient fixement, parcourant les traits de mon visage et comme animés du désir d'y découvrir quelque chose. Eurent-ils trouvé ce qu'ils cherchaient? Est-ce plus tard seulement qu'ils me sourirent, ou bien eurent-ils pour moi, dès le premier abord, ces rayons souriants?

En cet instant, je n'eus pas le temps de réfléchir à cela, et les sentiments que si clairement je distingue aujourd'hui n'existaient alors en moi qu'en germe, inconscients et confus. Une seule chose je sus tout de suite, c'était ELLE. Et aussi j'en fus grandement surpris : comme elle ressemblait peu à tous les portraits que je connaissais d'elle ! C'était une toute autre, et pourtant c'était l'impératrice. Et je sentis que cette impératrice n'était pas seulement une Impératrice, mais que je me trouvais devant une apparition des plus idéales et des plus tragiques de l'humanité. Que lui dis-je alors? J'ai honte de le rappeler à mon imagination. Quelques phrases embrouillées, balbutiées à propos de ma joie et du grand honneur... Cependant elle me tira de mon premier embarras, en disant, ses yeux rayonnant d'une douceur infinie :

— Quand les Hellènes parlent leur langue, c'est de la musique.

Et ensuite elle ajouta :

— Nous irons aujourd'hui jusqu'au bout du parc : nous verrons de très grands et beaux arbres et jouirons d'une vue merveilleuse.

Ce premier jour, la promenade dans le parc de Lainz se prolongea au delà de trois heures.

De quoi, ce jour-là, avons-nous parlé ? Quand je veux me le rappeler, chaque détail disparaît, comme étouffé dans un épais nuage de bonheur, indiciblement. Telle est la sensation de l'homme qui se réveille tout pénétré de ravissement, jusque dans les fibres les plus cachées de son être, la poitrine comme emplie d'une haleine de fleurs, mais qui ne sait plus ce qu'il a rêvé... Et puis cette inoubliable sensibilité de la nature ambiante, ce jour-là ! Parc magnifique qui nous entourais, inoubliable toi aussi parce que tu chantais mon langage intérieur, parce que formes et couleurs à toi étaient comme tout ce qui en moi chantait, si bien que je devais croire, presque, la substance la plus intime de mon être répandue et métamorphosée

en toutes ces choses : fraîcheur du matin, vivant
réseau des rayons du soleil, mystère bleu du bois,
et tous ces accents musicaux qui frôlaient mon
ouïe et mon âme. O la promenade parmi les
troncs clairs des bouleaux et des hêtres, l'entrée
dans cette ombre violette de rêve, corporelle presque, nos pas sourds sur la terre humide et noire,
larges étendues de mousse d'où d'énormes champi-
gnons surgissaient, pourrissantes feuilles de l'automne passé, sous lesquelles poussaient des violettes
encore. Et tout à coup, un grand arbre esseulé, qui
répandait dans les tranquillités une sonore allégresse,
chantant de tout son faîte, par un orchestre de petits
oiseaux. Puis, d'une haute clairière, des vagues de
feuillage, l'une dans l'autre, ondulant à l'infini, se
tordant dans le vent, boucles dénouées, et chantant en
sourdine leur désir. Mais derrière la haie vive de la
forêt, c'était le paysage découvert, verdoyant en
prairies vastes jusqu'à une sombre allée d'arbres, où
la grand'route poussiéreuse se traînait, lente et lasse,
au loin. Et là-bas, tout à l'horizon, une buée de sang
et d'ombre, grosse de destins, couvant sur Vienne.

. . . .

Elle cheminait par le jardin, comme si elle voulait conduire son rayonnement intérieur à un but fixé
d'avance. Et les choses autour d'elle étaient comme

initiées au mystère de ce pèlerinage. Elles modi-
fiaient leur aspect, dès qu'elle approchait : la phy-
sionomie, le ton vital des choses montaient d'une
nuance, comme si elles s'efforçaient de répondre à son
intérieure musique à elle, et de s'y fondre harmonieusement.

Je reconnaissais que les sources à son approche
chantaient d'autre sorte, que les contours des rochers
s'infléchissaient en pures lignes de beauté, que les
pierres elles-mêmes exhalaient un odorant souffle,
que les feuilles des arbres, à son apparition, tressail-
laient, comme lorsqu'elles attendent le soleil, et, désolées, s'affaissaient quand elle s'éloignait.

En sa présence, toutes les fleurs me semblaient
en émoi. Les unes par un sourire d'or répondaient
à son regard, les autres branlaient doucement les
clochettes de leur tête, ou bien ouvraient d'admirables yeux lumineux. Mais il y en avait qui tremblaient toutes, sans qu'un souffle les frôlât ; celles-ci,
pour la plupart, étaient blanches, avec des pétales
diaphanes comme en gaze de soie et leurs corolles
s'élevaient sur des tiges pâles et frêles et étaient légèrement inclinées deçà et delà. Puis, d'innombrables petites bouches fraîches et rosées, comme d'une
troupe d'enfants qui s'émerveillent. Des roses je ne
parle pas : de chacune d'elles l'haleine (ô délices !)

s'empressait vers nous, avant que nous l'eussions vue,
et quand on s'approchait l'on avait l'impression de
lèvres qui donnent un baiser tout bas, secrètement.
Puis il y avait des yeux qui, avec peine, levaient de
lourdes paupières de cire, et, d'en bas, du fond de
prunelles violettes, tristement regardaient, et plus
loin encore, il était des fleurs qui, en une adorable
pâmoison, secouaient de petites ailes diaprées,
papillons qui s'essorent.

Toutes ces merveilles, je les attribuais à son
approche. . . . .
. . . .

Lorsque le jour touchait à son déclin, et que le
soleil derrière les grandes forêts s'abîmait, et que
bleuissaient les grasses prairies, et que les apaise-
ments exquis du soir tombaient des feuilles sur nous,
alors aussi notre course prenait fin. Par de sinueux
détours, pour jouir de ces mélancolies tardives aussi
longtemps que possible, nous revenions au château...
Sur notre chemin, les corolles des fleurs se fermaient comme des paupières ; un retrait sur soi-
même, un recueillement se trahissait en tous les
objets, figés et engourdis qui, jusqu'alors, s'étaient
si pleinement livrés à la lumière et à la vie. J'ac-
compagnais l'impératrice jusqu'à la terrasse du château, le long des étangs miroitants, sur le sommeil

desquels commençaient à se condenser les rêves
blancs des nocturnes nénuphars. Là, elle me congé-
diait avec quelques mots qui toujours me parurent
comme un écho de ceux qu'elle m'avait adressés lors
de notre première rencontre, si bien que, de leur son
même, je tirais la certitude que cette séparation de
chaque jour portait en elle-même la promesse d'un
renouvellement...

. . . .

Deux fois il me fut donné d'accompagner l'impératrice par les appartements intérieurs du château,
et ce me fut alors comme si nous n'avions pas quitté
le jardin ; car elle portait partout avec elle ce monde
dont elle paraissait être la projection, comme une
atmosphère hors de laquelle elle n'eût pu respirer.
A ce parcours du château je dus la furtive et rose
apparition de sa fille, l'archiduchesse Valérie, qui
dessinait des fleurs dans un grand salon clair. Une
autre fois, je l'aperçus à travers les vitres ensoleillées
et somnolentes d'une serre, d'où elle faisait signe à
sa mère, de la main.

L'empereur aussi, plusieurs fois, vint du château, par la terrasse, d'un pas ferme et élastique,
rejoindre son épouse dans le jardin. A ses côtés, elle
était alors l'incarnation de cette idée dont la majesté
élève l'empereur au-dessus des autres hommes. Et,

cependant, j'eus, en chacune de ces occasions, le
sentiment que son domaine à elle n'était guères un
château impérial. Le jardin et la forêt lui étaient
réservés, et quand on voulait entrer en rapports
avec elle, il fallait se transporter dans son mystérieux royaume.

. . . .

Puis, vint le jour où elle dut quitter château et parc
de Lainz pour transférer sa résidence, comme tous
les ans, à Ischl et Gastein. Là-bas, autres bois,
autres montagnes. Ce périodique départ me fit le
même effet que si j'entendais dire que le moment
d'émigrer était venu pour les oiseaux. Car je
m'étais habitué à la voir des mêmes yeux que l'on
regarde ces charmants êtres qui sont plus près de la
nature et qui se comportent avec elle plus inconsciemment que les hommes. Au moment de l'adieu,
elle me dit encore :

— Au revoir ! Je vous dois mainte heure que je
ne voudrais pas oublier. Passez un bel été !

Et elle fixa sur moi un aussi sérieux et aussi
profond regard que si elle voulait découvrir toutes
les amertumes qui pouvaient adhérer aux racines
de ma pensée, pour les arracher et pour mettre à
leur place l'espérance de l'au-revoir.

Le même jour, je partis pour Innsbruck, toujours

comme plongé dans ces sensations qui devaient être,
à ce que je croyais, ma vie durant, la seule nourriture de mon âme.

.   .   .   .

Ainsi s'enfuirent pour moi ces heures et ces jours
d'une double et presque irréelle existence. Chaque
soir, la somptueuse « voiture de soie », traînée,
comme au vol, par de grands chevaux blancs, me
ramenait du château forestier. Sur les champs dé-
couverts, un indicible calme était répandu, lassitude
plutôt, après cette vie condensée de rêve, qui maintenant reculait dans le lointain, vaporeusement, en
chimériques images, sous d'éblouissants voiles de
féerie, invraisemblables et de délire. J'arrivais ensuite
à la ville, parmi les hommes, ces porteurs de far-
deaux, si pressés qu'ils semblaient ne pas avoir le
temps d'être chagrinés, traînant, en attendant, leurs
tristesses sur leur visage et en leurs gestes. Enfin je
rentrais chez moi. Chaque fois que je passais le seuil
de ma chambre, mon cœur se serrait, éperdu,
car chaque coin, chaque objet me criait la certitude
qu'ici, dans cette atmosphère, je ne pourrais plus
supporter le poids de l'existence ordinaire ni mon
intérieure solitude... A vrai dire, je ne m'éveillais,
en ce temps, qu'à la fin de la journée, pour rentrer,
le lendemain matin, à la clarté du jour, dans ma

vie fantasmagorique. Cette régulière alternance de la réalité et du rêve en ordre interverti : la vie éveillée comme rêve et le sommeil de la nuit comme seule réalité, éclaira cette période de ma vie à jamais d'une lumière de surnaturelle poésie. Dans les courts intervalles de ces deux états, je cherchais à me rendre compte de ce qui en moi se passait, mais il m'était presque impossible de séparer la veille du sommeil ; car, lorsque je dormais ce n'était que la continuation de cette nébuleuse et sanglotante extase dont rien ne surgissait à la surface de ma conscience. Tout était indiscernablement profond et lointain, assoupi comme en des brumes. Une forme de femme, noire et élancée tel un cyprès, seule s'enlevait au-dessus de tout, lys noir vivant qui se promènerait en un jardin enchanté. Dès que je quittais ce jardin, des nuages s'abattaient sur mon âme. D'une chose j'étais bien sûr, uniquement : toutes les fois que la porte du parc de Lainz se fermait sur moi, un vague sentiment d'effroi m'emplissait, comme si je me fusse éloigné d'un asile qui m'eût protégé contre la menace de la vie ténébreuse, pour entrer dans des périls inconnus ; et de tous ces périls qu'alors je courais, le plus atrocement angoissant était, me semblait-il, celui de ne plus retrouver le chemin du retour. Chaque soir, je me

promettais d'observer, le lendemain, toute chose
avec attention, de saisir, de l'entière acuité de mes
pupilles, les détails extérieurs et corporels, de les
graver dans ma mémoire, pour ne les plus oublier,
et pour en étayer ma foi en la réalité de mes visions...
Quels sont les éléments de sa beauté ? me deman-
dais-je toujours et sans trêve.

Mais je ne pouvais alors résoudre cette question,
parce que la réponse inhérait en ma question
même, incréée, et qu'ébloui de son éclat, je n'arrivais pas à la distinguer de sa source. A présent, ce
jardin de merveille s'est éloigné de ma conscience
comme en un lointain mythique. A présent aussi,
l'incarnation de ma réponse est pour toujours ravie
à mes yeux. Mais dans mon âme est entré comme
un reflet d'elle, un vibrant et trouble sentiment de
peine et de délice à la fois, souffle de quelque chose
de sublime qui avait sur moi plané et s'est évanoui.
Et j'en puise une plus forte certitude que si j'avais
alors obtenu la réponse ardemment souhaitée.
Maintenant je ne sais plus ce que nous avons dit,
mais je sais bien ce que nous avons tu. Maintenant,
je puis plus clairement discerner les éléments per-
manents de ses magnificences éternelles, car je sens
en moi la fugitivité de ses métamorphoses. Mais
trop arides sont mes mots, pour attoucher les élé-

ments de feu de ses lignes fluides sans s'enflammer eux-mêmes. Mes mots sont trop lourds, pour suivre tous les traits si fins du visage de son âme et toutes ses exquises tristesses, sans les détruire ou les effaroucher.

LAUDES

Sa tête s'élève sur ses épaules avec cette grâce frêle qui est propre aux fleurs à longues tiges. Plus que chez les autres humains, l'on a l'impression que sa tête forme le couronnement et l'accord final des musicaux contours de son corps. Sa face s'incline légèrement en avant, tandis que sa nuque, sur laquelle le diadème de ses cheveux repose, se plie en arrière, comme pour s'élever au-dessus d'une surface. Et dans les rayons du soleil, comme en une substance homogène, les lignes de sa tête se fondent en une grande clarté.

Dans sa chevelure, de la nuit a plongé, et de temps à autre une lueur en jaillit comme l'aurore jaillit de la nuit : peut-être sont-ce des pensées, — des pensées qu'elle n'exprime pas et qui devinent ce qui va venir, — qui ainsi s'exhalent au-devant des fleurs. J'aperçus un jour, à la Burg, au-dessus de la table de l'empereur, un portrait qui la représente enveloppée dans ses cheveux, comme une hamadryade, ou une nymphe, ou Ophélie, sans aucun des ornements de royauté terrestre, et je pensais à la reine Bérénice dont la chevelure maintenant brille au ciel parmi les étoiles, parce qu'après sa mort les étoiles la lui ont ravie. Mais d'habitude, elle porte ses cheveux tressés en une diadémale couronne dont le nocturne poids semble trop lourd pour son front lumineux.

Sa face est d'une pâleur éclatante que n'ont pu ternir, jaloux, tous les rayons du soleil du midi, et qui fait ressortir plus sombres, sous ses yeux, les rougeurs cristallisées d'un parterre de larmes séchées. Dans cette lueur, douce aube, qui semble le reflet de choses intérieures vécues et trépassées, apparaît, irrêvée, l'éclosion de ses lèvres d'un dessin si fin, d'une si invraisemblable pourpre, telle la fente d'une mystique grenade : elles se courbent, ces lèvres, ô indicible mélancolie, en un arc qui a la science de tout deuil, comme si c'était le pont même sur lequel toute tristesse a passé qui exprime presque l'angoisse de plus encore savoir et, sans trêve, interroge la destinée. Sitôt sa bouche entr'ouverte, arômes et musiques qui s'exhalent, cette courbe de douleur s'abîme dans les profondeurs de l'être, mais elle reparaît dès que le silence sur les lèvres a posé son sceau, et dans les anses muettes, après, s'assemblent les amertumes de toutes les larmes non pleurées.

Alors, dans la sagesse de son silence, elle est l'âpre déesse Athéné.

★

Comme enfermés dans le cercle ombreux d'un inéluctable mal, vivent ses yeux, ses clairs yeux scrutateurs. Jamais il n'y eut de tels yeux, et qui pussent discerner l'essentielle tristesse qui est l'élément éternel des choses. Souvent ses regards sont, comme ceux des fleurs, grands ouverts vers des merveilles ; puis le voile des cils retombe sur eux, comme un délicat nuage vient cacher des étoiles. Ses sourcils s'élancent audacieux et se perdent fiers en une suprême élévation, frisson d'anéantissements admirables. La maîtrise des belles formes, l'héroïsme des pensées altières, l'inflexion passionnée des vagues sur la grève, l'ironique dédain de toute réalité solidement établie, la volonté que rien n'enchaîne, et l'élan, mortel courage, du génie et des montagnes vers le ciel, la pureté majestueuse des cygnes, la sublimité des nuages au-dessus des bas-fonds, tout cela sommeille en les éblouissantes lignes de ses sourcils que l'ombre a sculptées.

★

Ses mains sont maigres, frêles, et elles expirent en les lys de ses doigts. Elles sont comme des fleurs qui auraient froid. Elles ont je ne sais quel air mystérieux. Quand elles tiennent quelque chose, elles l'étreignent si fortement qu'on croirait qu'elles sont intimement liées, presque fondues substantiellement avec cet objet.

Toute sa figure, trop fluide pour n'être dite que svelte, soupire comme un cyprès vers le ciel, ondoie comme les ondes quand elles reposent et respirent.

★

ELLE marche moins qu'elle n'avance — plutôt l'on pourrait dire qu'elle glisse — le buste légèrement infléchi en arrière et sur les hanches fines, doucement balancé. Ce glissement, à elle propre, rappelle les mouvements d'un cou de cygne. Tel un calice d'iris à longue tige qui dans le vent vacille, elle chemine sur le sol, et ses pas ne sont qu'un repos continu et toujours repris. Les lignes de son corps fluent alors en une suite d'imperceptibles cadences, qui marquent le rythme de son existence invisible. Oh ! quelles mélodies d'extase moi, sourd, j'en devinais...

Les plis de sa robe adhèrent à elle indépendamment de la sinueuse souplesse de ses mouvements. Et les étcffes qui voilent son corps royal et les chemins qu'elle foule, paraissent reconnaître la souveraineté de son être plus profondément et la proclamer avec plus de gratitude que les hommes.

★

Pure et claire, envolée en fugues musicales, est sa parole, et cependant lente et toute basse. Comme

si je me trouvais près d'une source esseulée, ruisse-
lant, secrètement, en un suave délire, je me sens enve-
loppé par le son diaphane de sa voix dans un souffle
de jeunesse désolée et de subtile mélancolie chantante.
Ainsi parlent les gens qui, comme les sources, sont
souvent et longtemps seuls, dont la voix n'est pas
contrainte de se briser contre la lourdeur des sons
rustres de la vie, de s'élever avec peine au-dessus de
soi-même pour dominer la cohue, mais peut se laisser couler jusqu'au bout, serpenter, bienheureuse, à
travers les prairies, sans le tourment des obstacles à
surmonter, et qui s'enivre de sa propre douceur et de
son propre souci. Et sa voix n'est aussi que le langage de ses lignes, traduit en musique. Que sont
les larmes de la harpe comparées à nos sons, jaillis-
sant librement de la vague mystique des formes humaines ! Et les pins, ne sont-ils pas aussi des harpes
sonores, lorsque le vent, en son auguste désir, les
embrasse, et que la forêt et la mer, de délices, re-
tiennent leur haleine ? Oh ! pourquoi avons-nous des
oreilles, si c'est pour ne pas ouïr ?

Son esprit est fluide et profond comme la mer.
Mais ses pensées sont comme les cimes des montagnes ou comme de vastes plaines qui s'en vont
vers l'infini calmes, dans le silence.

Elle ne rit presque jamais — jamais quand elle vit
sa propre et véritable vie ; mais quand la vie vulgaire
de tout le monde, ce que nous appelons la réalité,
vient heurter le flux de son intérieure existence,
quand les relations d'hommes à hommes l'atteignent et la frôlent, alors, elle rit, en roucoulant
doucement et convulsivement, jusqu'aux larmes,
comme si quelque chose de très comique et douloureux à la fois la frappait ; alors, aussi, une onde
de sang rouge lui monte du cœur aux tempes, jusqu'à la racine des cheveux, et voile sa face de la
pourpre de son intime royauté, comme pour la protéger contre une injure du dehors. Et cet autre
muet sourire, qui souvent rayonne de ses yeux,

qui souvent aussi entr'ouvre la fleur mystérieuse de ses lèvres — oh ! celui-là est plus qu'un simple sourire, mais un épanouissement de calices, tristesses sans nom qui fleurissent sous un rayon du noir soleil du destin. Et ces calices éclosent dans l'âme de tous les êtres qui découvrent leur vraie nature en de rares exaltations.

. . . .

La courbe douloureuse à jamais de la bouche, le regard intense des yeux, comme s'ils voulaient plonger dans l'impénétrable, le port de la nuque et du front, levés en une fière rébellion contre quelque insupportable fardeau extérieur qu'ils seraient seuls à supporter, et, en même temps, les lignes en avant inclinées du visage, accusant une consciente lassitude jamais avouée, l'attitude de ce gracile et tendre corps de Reine qui semble sur le point de se briser et cependant est plein de force et d'élan contre les assauts du destin, la clarté des gestes, l'arome limpide de la voix, la musique des paroles, semblables à une visible floraison d'harmonies secrètes : — tout cela me découvrait un monde intérieur de tristesses organisées, qui menait son existence propre, qui était aussi exquis et aussi immense et aussi mystérieux que ce monde extérieur qui assaille nos yeux de questions.

O la suave réminiscence de ces impressions qui,
comme les fleurs séchées d'un herbier, laissent seulement deviner la jeunesse fanée et l'éclat évanoui, et
cependant enferment en elles tout cet éclat et toute
cette jeunesse ! Pour les ranimer, j'exhalerais, (combien volontiers !) mon âme sur elles !... Et ces sensations que je voudrais saisir maintenant en des
doigts lourds, comme des choses matérielles et exis-
tant en soi, elles émanaient déjà, dans le jardin de
Lainz, de ses traits si vite transfigurés, des lignes de
son corps ondoyant lentement comme des vagues
en peine et elles s'épandaient, pendant nos longues
promenades, en chacune de mes paroles, sur tous
les tournants attristés du chemin. C'est pourquoi,
peut-être, je n'en rapportai rien de conscient : les
extases des fleurs au soleil, l'insaisissable haleine de
l'ombre sous les arbres, certaines formes de nuages,
un sentiment de quiétude après un plus long regard
vers le ciel, dans la solitude quelques trilles délais-
sés d'un chant d'oiseau se perdant au détour d'une
tendre allée, en même temps que disparaissait l'arbre d'où ils venaient, comme si la voix de l'oiseau
étouffait dans ses propres gazouillements : voilà les
seuls trésors que je conservai de ces inoubliables
jours, mais le tout imprégné du charme d'un souci
ignoré qui de mon âme passait en ces fragments

épars et les mettait bien au-dessus des délices les
plus pleinement ressenties . . . .
. . . . , ...

Innsbruck, 13 août 1891.

Aujourd'hui le premier anniversaire de ma naissance depuis cet inconcevable événement : mon premier véritable jour de naissance !... Quand, le matin
et le soir, les montagnes, par-dessus les toits, flam-
boient jusque dans mes fenêtres, comme si, d'un
monde irrêvé, elles surgissaient, alors encore en
moi rayonnent ces sourires d'inextinguible mélancolie qu'ELLE a laissés choir dans mon cœur et qui
paraissent soustraits à l'universelle loi des choses,
ou bien c'est un parfum ranimé de souvenirs qui
jamais ne voudront se faner...

Je vais souvent à la morne église du château, où
tant de rois et de reines en acier derrière une lourde
grille de fer s'alignent, comme si cette réunion
avait été le but définitif de leurs existences, uniquement poursuivi leur vie durant. Là aussi de pauvres
femmes harassées du peuple, comme poussées par
une main mystérieuse, tout le long du jour, jusque

dans la nuit, bégayent des prières dans les ténèbres :
peut-être s'agit-il simplement pour elles d'un
jupon neuf ; à la statue de saint Antoine les petites
bonnes demandent la grâce de retrouver les cuillères
à café perdues. Ah ! je les plains de n'avoir pas
obtenu ce qu'elles désirent, car je me dis que, si
j'osais élever mon vœu à la hauteur d'une prière,
je devrais m'abîmer en oraisons...

<center>~~~~~~</center>

3 septembre.

Est-il possible que mon rêve ne soit pas évanoui ?
Nouveau printemps, refleurira-t-il sur l'automne de
mes souvenirs, sans avoir subi ni l'hiver ni la
mort ?...

Une lettre du baron Nopcsa, datée d'Ischl, qui
me demande, au nom de l'impératrice, si je suis disposé « à passer les mois de décembre à avril auprès
de Sa Majesté l'Impératrice et Reine, comme professeur de grec, et pour l'accompagner dans ses promenades ».

Dans un *post-scriptum*, le baron Nopcsa ajoute :
« Sous la condition que vos études n'en souffriraient
point ».

Ainsi il faut en finir avec la Faculté ou refuser. Je vais passer mes examens ici, à Innsbruck, car à Vienne mon tour ne serait pas si vite venu...

Quand je pense à ce que, sans prier, j'ai obtenu, pour la seule raison, peut-être, que j'ai tenu mon vœu à moi-même secret !...

J'ai choisi Schopenhauer comme sujet de ma thèse de philosophie : je me suit fait un élément vital de sa doctrine depuis qu'elle correspond si parfaitement à mon état d'âme. « Un singulier sujet d'examen ! » me dit, en ricanant, le professeur de philosophie d'Innsbruck. J'étais et je reste peut-être le seul qui ait osé une tentative pareille.

J'ai aperçu aujourd'hui la duchesse d'Alençon, sœur de l'impératrice. Devant une boutique de la rue Marie-Thérèse, un équipage à livrée était arrêté. Dans la voiture, un monsieur d'aspect très distingué, à la barbe Henri IV blonde déjà grisonnante, et deux gros petits garçons à joues rouges et boursouflées. La porte de la boutique s'ouvrit, un grand chien, d'un seul bond, s'élança vers la voiture,

et puis une dame sortit : l'impératrice elle-même,
mais plus mince, plus frêle, plus miniature. Son
aspect me bouleversa. Plus tard j'appris que c'était
la sœur de la souveraine, et qu'elle habitait pendant
l'été le château de Mentelberg. Longtemps je suivis
du regard la voiture qui s'éloignait. La duchesse ne
se doutait guère que des yeux s'attachaient si obstinément à elle et que les regards de mon âme tra-
maient comme une banderolle entre elle et son impériale sœur...

Tout mot que je prononce par ce temps-là n'a
qu'une signification provisoire, mais, en même
temps, il a un sens plus profond, et comme une
perspective derrière soi. C'est comme si je voulais
dire : Que m'importe ce que vous me dites et ce
que je vous dis ? L'essentiel, c'est ce qui va venir.
Je ne me rappelle que confusément ma promotion de
docteur que je dus subir dans une université étrangère, devant un public aussi flatteur qu'inespéré d'é-
tudiants de la corporation des « Goths », anciens ca-
marades de mon cousin Théodore. Mais je n'eus
pas un regard pour leurs habits de gala, pas plus
que pour mon diplôme, et me préoccupai encore

moins du moyenageux cérémonial de l'Université d'Innsbruck, car un but plus lumineux, tout près de moi maintenant, m'invitait...

Par mille détours, pour prolonger autant que possible une attente dont le charme ne pouvait être surpassé par l'événement, je me rendis à Vienne, à la Burg.

〜〜〜〜〜〜

VIENNE
SCHOEN-
BRUNN

Hofburg de Vienne, 8 décembre 1891.

Mon appartement est situé dans l'aile léopoldine. L'on arrive du Franzensplatz, à côté du corps de garde, par un étroit escalier en colimaçon, jour et nuit éclairé au gaz. *l'escalier des confiseurs,* — à un long corridor tapissé de nattes, dit *le passage des demoiselles*. Une longue suite de portes avec des noms de dames d'honneur sur de blancs cartons. Tout au bout, des gardes de la Burg qui vont et viennent lentement avec un cliquetis de sabres. A ma surprise, sur une de ces portes, je lis mon nom : voilà, déjà étiquetée, mon existence à venir dans cette armoire à tiroirs qu'est la cour. Ma chambre assez vaste, mais basse de plafond. Le parquet est comme un miroir, sur lequel le feu de la cheminée envoie voleter des essaims de feux follets.

Tentures et meubles à rayures grises et blanches. Une grande double fenêtre donne sur la place extérieure du château et sur le Volksgarten, que maintenant une grisaille de crépuscule enveloppe. Un paravent de soie pourpre devant le lit, couvert aussi de lourde soie purpurine — du reste, tout d'une simplicité très grand air.

Le même soir, l'impératrice me reçut. Un laquais du service privé vint m'avertir que Sa Majesté avait su mon arrivée et me priait de me rendre auprès d'ELLE. Je me hâtai vers ELLE, à pas muets sur les nattes, tout le long du couloir, parmi des laquais et des caméristes qui chuchotaient, puis, après un coude, par un corridor plus large, qui traverse l'aile dite de l'impératrice Amélie. C'est la partie du château qui regarde le Franzensplatz du gros œil de son horloge, flamboyant dans le soir ; elle est habitée exclusivement par l'impératrice et sa suite. Par une porte secrète, j'arrivai au grand escalier d'honneur, puis, un étage plus bas, sur un palier, où un garde de la Burg en grand uniforme était planté, immobile, devant une très lourde portière de velours ; derrière cette draperie, un vestibule de style empire, avec ce luxe froid et nu des antichambres princières où l'on gèle si atrocement quand on n'est pas né laquais. Plusieurs huissiers à

bas blancs, culotte vert–amande, veste sombre
brodée d'or, et l'épée, s'inclinèrent devant moi
jusqu'à terre, les portes comme d'elles-mêmes
s'ouvrirent, et je me trouvai à l'improviste dans une
grande pièce, plus somptueuse encore, mais dont
l'accueil me fut moins fermé, moins hautain. Là,
un autre garde-porte, apparemment de rang plus
élevé, en habit noir, vint à ma rencontre. Et, à
ce moment, je m'aperçus que j'avais pris instinctivement une nouvelle allure et que je la soutenais
avec grande virtuosité ; il s'agit, ici, de marcher
sans s'arrêter et sans hâte, en glissant sur le parquet plutôt qu'en le foulant, sans butter aux saluts
ni aux révérences. Le valet de chambre de l'impératrice, également en habit noir (la livrée de deuil
privée de Sa Majesté), sortit de la porte opposée,
s'inclina profondément, et disparut aussitôt par la
même porte, sur la pointe des pieds, pour m'annoncer. Tous ces gens retenaient leur souffle et leur
âme, et n'étaient que frac et pointe des pieds. Et
alors la porte s'ouvrit à deux battants, sans le moindre bruit. Derrière un paravent de soie écarlate,
j'entrai dans une salle vaste et brillamment éclairée.
Sur les murs des tissus de soie rouge, tout autour
des meubles dorés, de larges et profonds miroirs,
tenant des panneaux entiers, de grands lustres pen-

dants. Et une atmosphère d'une presque immatérielle pureté vers moi s'exhalait.

D'une autre porte au fond qui était ouverte et laissait entrevoir un petit salon, l'impératrice m'apparut, et elle vint à ma rencontre.

Voilà que de nouveau ELLE se tenait devant moi, la même apparition noire de l'inoubliable jardin enchanté ! Elle que j'avais connue dans sa condition sylvestre, elle m'avait maintenant appelé en son luxueux palais, où elle devait vivre, pour un temps. Je me souviens confusément d'un conte où il est parlé d'une fée de la forêt qu'un sorcier plus puissant encore retenait, une partie de l'année, dans son palais souterrain et qui, là, devait être reine. Mais c'est peut-être simplement l'histoire de Perséphoné.

Et l'expression de son visage, encore, me faisait penser à Perséphoné, qui, elle aussi, passe la moitié de sa vie dans le monde infernal. L'éclat rouge sombre des murs, les flammes sans nombre qui sur les dorures ruisselaient et rejaillissaient de la profondeur des miroirs, les cristaux en losange des lustres, scintillant comme d'aériennes pierres précieuses, tout cela faisait presque pour moi de cette fiction d'un monde sous-terrestre la contemplation d'uneréalité. Comme d'un autre monde,

l'impératrice noire se tenait devant moi, souveraine de toute cette splendeur. Elle me salua de
loin, et, après, me dit qu'elle se réjouissait de me
revoir près d'elle. Et dès qu'elle eut ouvert la bouche
et que sa voix eut résonné, le merveilleux rayonnement autour d'elle pâlit. Ainsi je connus qu'elle était
bien plus rayonnante encore que tout ce qui l'en-
vironnait. Je savais déjà, avant d'entrer, ce que je
trouverais ici, et pourtant je fus ébloui. Nous nous
promenâmes une heure durant, sur le doux tapis
soyeux, où le pied s'enfonçait comme dans du jeune
gazon, en des flots de lumière dont l'attouchement agissait comme de l'air tiède, mais plus musicalement encore.

Tout autour, des meubles dorés se dressaient, à
de longues distances et dans un calme parfait, l'on
eût dit des objets ensorcelés. Dans cette pièce, sur
ces meublés, ni rire ni pleur ne se posait, nulle
ligne ne remuait ni ne changeait de place. Des
grands miroirs, qui prolongeaient la pièce, comme
sous de diaphanes masses d'eau, en des lointains
infinis, la lumière rebondissait, telle une buée
fluide d'or et de sang. Je regardai autour de moi et
reconnus le geste de l'étiquette espagnole, qui, des
coins sombres, se levait vers des portraits princiers
dans de lourds cadres dorés, et montrait des portes

secrètes, tapissées de soie. Cela me persuada davantage encore que le château tout entier, immémorial, était englouti dans un illusoire abîme
d'eau. Mais il y avait autre chose, que je sentais
plus que je ne voyais, qui provenait de ce monde
où ELLE respire en réalité. Elle n'était pas seule.
Mes yeux se mirent en quête et bientôt trouvèrent
ce qu'ils cherchaient. Il y avait là des arbres, de
vivants arbres, presque dissimulés par les lourdes
soies et les dentelles des rideaux, des azalées grandes
comme des arbres, épanouies, ô tendre floraison, en
innombrables calices blancs et roses. Elles l'avaient
suivie, ces azalées, des printemps lointains jusque
dans les profondeurs sous-marines de son palais ;
elles étaient comme des symboles de l'évanouie
Perséphoné. Ainsi l'on peut s'imaginer que tous les
jeunes arbres se tiennent cachés, pendant l'hiver, en
de semblables palais, chez quelque fée exilée. Et ce
léger et ancien parfum qui flottait à travers la salle,
— venait-il des arbres, ou étaient-ce, uniquement,
les souvenirs balsamiques des forêts et des jardins
qui s'exhalaient avec persistance et enveloppaient la
figure de l'impératrice noire ?

Je lui parlai des montagnes embrasées d'Inns-
bruk, du « Hofgarten », le jardin du palais aux
grands arbres, sur lesquels l'automnale pourpre

s'était répandue, des feuilles jaunies de mes mélancolies et de mes souvenirs, qui tombaient sur les
allées comme de grands oiseaux morts, des églises,
où des femmes désolées et comme poussées par une
main invisible jetaient aveuglément dans les ténèbres
des prières balbutiées, où des rois et des reines
d'airain, venant de siècles différents, s'étaient donné
rendez-vous. Et elle me parla uniquement de la chute
d'eau de Gastein, qui dans la nuit résonne comme
une âme en peine, et des pins et des sapins noirs
emmi lesquels les nuages aiment à s'arrêter longuement. Et puis, nous causâmes d'Homère et des
sirènes, et de Béatrice que Rossetti a peinte. Puis
elle me tendit encore une fois sa main à baiser, et
dit :

— A partir de demain, nous irons nous pro-
mener tous les jours pour quelques heures à
Schönbrunn. Si vous n'étiez pas venu, j'aurais dû
me priver de ce plaisir. Je ne veux pas imposer,
en hiver, cette corvée à mes dames d'honneur,
et l'empereur n'en a malheureusement pas le
temps.

9 décembre.

Ce matin, à huit heures, le laquais vint me dire que l'impératrice m'appelait auprès d'ELLE pendant qu'on la coiffait. J'étais déjà prêt et attendais. Car, dès la veille, l'impératrice m'avait prévenu qu'elle prendrait sa leçon de grec en se faisant coiffer.

— Cela dure presque toujours deux heures, avait-elle dit, et pendant que mes cheveux sont si fortement occupés, mon esprit reste oisif. Je crains que de mes cheveux il ne passe dans les doigts de la coiffeuse. C'est pour cela que ma tête me fait si mal. Nous emploierons ce temps à traduire Shakespeare : oh ! alors le cerveau est bien forcé de se concentrer.

J'entrai dans le grand salon avec le cérémonial de la veille.

L'impératrice était assise devant une table que l'on avait poussée au milieu de la pièce et couverte d'une toile blanche. Elle était comme embrumée dans un peignoir de dentelles blanches ; ses cheveux dénoués tombaient jusqu'à terre et enveloppaient toute sa personne. Seule une petite partie de sa face était éclose, comme chez ces suaves madones emmitouflées au visage en amande. Cet

aspect était nouveau pour moi, mais plus enchan-
teur que tout ce que j'avais jusque-là contemplé.
Elle répondit à ma révérence par une légère incli-
nation de la tête, en disant :

— Comment avez-vous dormi votre première
nuit à la Burg? Pas plus mal que d'habitude, j'espère. Ce n'est pas aussi beau ici qu'à Lainz, ajouta-
t-elle, mais pour la nuit c'est à supporter.

Nous partirons à onze heures, dit-elle encore.

Puis la leçon commença. L'impératrice écrit
très vite ; elle crispe ses doigts sur la plume, sans
doute par une habitude d'enfance qu'elle n'a con-
servée que parce que, probablement, ses professeurs
l'en grondaient. Du reste, quand elle écrit, toute son
attitude est d'une grâce puérile, d'une charmante
maladresse qui contraste avec sa tenue habituelle
si majestueuse parmi les arbres et les fleurs. Elle
regarde fixement le papier et la pointe de la plume,
et c'est comme si elle voulait forcer sa plume à
écrire finement et proprement. Mais les lettres impé-
tueuses jaillissent et se bousculent, libérées de toute
convention.

— Ma mauvaise écriture vous étonne. Elle est
comme moi, me dit-elle, elle ne veut pas se laisser
subjuguer.

Elle fait aussi de gros pâtés d'encre violette — la

violette impériale — la seule avec laquelle elle
écrive et qu'elle puise d'un encrier d'or ; de minces
feuilles de papier buvard sont semées tout autour sur
la table, et elle en sèche chaque page en frappant
dessus de son poing fermé.

Cette première leçon durant la coiffure m'a laissé
des impressions d'une épique harmonie.

Des cheveux, je vis des cheveux en vagues,
atteignant le sol, et s'y répandant, et coulant plus
loin : de la tête, dont ils révélaient la grâce délicieuse, la ligne pure et parfaite (ainsi les tissus de
Cos laissent transparaître des formes de déesses),
ils s'écoulaient sur le blanc manteau de dentelles
qui couvrait ses épaules, sans que jamais leur flot
tarît.

Derrière la chaise de l'Impératrice se tenait la
coiffeuse, en robe noire à longue traîne, un tablier
blanc de toile d'araignée attaché devant elle, d'aspect
imposant pour une femme de service, avec les traces
d'une beauté fanée sur le visage, et les yeux pleins
de sombres artifices — rappelant une assez fameuse
Reine de seconde qualité de l'orient européen,
aujourd'hui proscrite. De ses mains blanches elle
fouillait dans les ondes des cheveux, les élevait en
l'air et les palpait comme du velours et de la soie,
les roulait autour de ses bras (ruisseaux qu'elle eût

saisis parce qu'ils ne voulaient pas couler tranquillement mais plutôt s'envoler) ; enfin elle partagea
chaque onde en plusieurs autres avec un peigne
d'ambre et d'or, et sépara ensuite chacune de celles-
ci en innombrables filets, qui, à la clarté du jour,
devinrent de l'or filigrane et qu'elle démêla doucement et posa sur les épaules, pour éparpiller de
nouveau en lumineux rayons un autre embrouille-
ment d'écheveaux. Puis, tous ces rayons qui, d'un
or éteint, s'enflammaient en éclairs d'un sombre
grenat, elle les laissa confluer en de nouvelles et
paisibles vagues, et de ces vagues elle trama des
tresses pleines d'art, qui se transformèrent en deux
lourds serpents magiquement ; et elle leva ces serpents, et les roula autour de la tête, et en forma, en
les entrelaçant au moyen de rubans de soie, une
magnifique couronne diadémale. Puis elle saisit
un autre peigne de transparente écaille finissant en
pointe et garni d'argent, et ondoya le coussin de
cheveux, sur l'occiput, qui était destiné à porter la
couronne, en ces lignes qui sont propres à la mer
quand elle respire. Ensuite, elle ramena les mèches
s'égarant en délaissées sur le front, près des yeux,
de façon qu'elles pendissent, comme des franges
d'or, du bord de la couronne et, comme un voile
lumineux, cachassent le front, écarta avec une pince

d'argent ceux de ces filets qui troublaient l'harmonie
et la symétrie, ne faisant qu'entraver la course tranquille des sourcils en arceaux, abaissa d'autres.
filets, telle une écumeuse frisure d'ondes, sur les
oreilles, afin que la rudesse des sons s'y brisât,
et en dressa ainsi une grille protectrice devant
la porte de l'âme. Puis, sur un plateau d'argent, elle
présenta les cheveux morts à sa maîtresse, et les
regards de la maîtresse et ceux de la servante se
croisèrent une seconde, exprimant chez la maîtresse
un amer reproche, chez la servante publiant la
faute et le repentir. Puis, le blanc manteau de
dentelles glissa des épaules tombantes, et l'impératrice noire, pareille à une statue divine, de l'enveloppe qui la cachait surgit. Alors la souveraine
inclina la tête, la servante s'abîma sur le sol, en
murmurant tout bas : « Aux pieds de Votre Majesté je me prosterne. » Le service sacré était
accompli.

— Je sens ma chevelure, me dit-ELLE, et elle
glissa un doigt sous les vagues des cheveux, comme
pour alléger sa tête du fardeau.

C'est comme un corps étranger sur ma tête.

— Votre Majesté porte ses cheveux comme une couronne à la place de sa couronne.

— Seulement, on peut, plus facilement, se débarrasser de cette autre couronne, répondit-elle avec un sourire attristé.

A onze heures, nous sommes partis pour Schönbrunn. Il y a toujours devant l'entrée de mon escalier un grand rassemblement pour me voir monter en voiture, et la garde du palais présente les armes, mais avec un doute visible sur le droit que je puisse avoir aux honneurs militaires.

Une journée superbe, aujourd'hui, le ciel si pur et si bleu comme au printemps. J'ai emporté un livre dont je me propose de lire quelques pages à l'impératrice pendant la promenade : les *Contes* de Dostoïewsky.

Je lui ai lu les *Blanches nuits*. Elle a trouvé le conte ravissant.

— Ce qui arriva à Naschtenka, dit-elle, est typique pour toutes les jeunes filles. Chacune se trompe au moins une fois dans sa vie, sans qu'elle sache quand cela se fait. De Naschtenka elle-même, on ne sais si elle s'est trompée avec celui qu'elle a pris ou

avec celui qu'elle a laissé. C'est affaire au destin.
Les femmes vivent tout particulièrement sous l'étoile
de leur destin.

Nous parlâmes ensuite de l'émancipation des
femmes et de leur instruction. Elle dit :

— Les femmes doivent être libres ; elles sont
souvent plus dignes de l'être que les hommes. George
Sand en est le meilleur exemple. Mais en ce qui
concerne la soi-disant instruction, j'y suis opposée.
Moins les femmes apprennent, plus elles ont de
valeur, car elles tirent d'elles-mêmes toute science. Ce
qu'elles apprennent ne fait, à vrai dire, que les
égarer sur une fausse route et les éloigner de leur
être intime : elles désapprennent par là une partie
d'elles-mêmes, pour s'approprier imparfaitement la
grammaire ou la logique. Dans les pays où les
femmes sont peu instruites, elles sont des êtres bien
plus profonds que nos bas-bleus. C'est une erreur
des amis de l'émancipation que de venir alléguer,
en faveur de ce mouvement, que des mères cultivées
donneraient à l'humanité des fils intellectuellement
mieux doués.

— Mais, d'autre part, fis-je, les hommes modernes
désirent trouver en les femmes modernes, — leurs
femmes, — un appui intellectuel.

— Au contraire, leur action, en tant que mères,

serait plus bienfaisante, si elles étaient comme les arbres, libres de toute entrave et de toute déformation, sous le vaste ciel ; les femmes ne doivent pas être là pour aider les hommes dans leurs affaires, en leur soufflant des pensées et des conseils, mais par leur seule proximité elles doivent éveiller et faire mûrir chez les hommes des idées et des résolutions que ceux-ci, ensuite, ont à puiser en eux–mêmes.

10 décembre.

Aujourd'hui l'on m'apporta, des appartements de l'impératrice, des fleurs. L'impératrice, me dit-on, avait ordonné au jardinier du château de m'en voyer tous les jours des fleurs rares. Et quelles fleurs c'étaient ! Duvets de soie parfilée, vieux velours mélancoliquement pâlis, reployés en plis délicats, et de la pourpre attristée. Et de tremblantes corolles aussi et de doux calices, sur les pétales desquels toutes les splendeurs et les langueurs des couchants automnaux étaient répandues.

Du 11 au 20 décembre.

A midi, de nouveau à Schönbrunn. Il pleuvait de la neige fondue, et le vent nous fouettait le visage d'une poudre de glace. Il nous fallait sauter par-dessus de grosses flaques d'eau.

— Comme des grenouilles nous galopons par les marais, dit l'impératrice. Nous sommes pareils à deux âmes damnées qui errent dans le monde infernal. Pour beaucoup de gens, ici et à cette heure, ce serait l'enfer.. Je causais hier avec une dame qui extravaguait sur les glaciers — pendant l'été, naturellement, en compagnie de deux guides et attachée à une corde pour qu'on la hisse. Je voudrais la voir à présent, elle et sa vaillance. Si elle savait que je suis ici, que je me promène aujourd'hui ici, elle penserait que je suis devenue folle. Voyez-vous, cela va mieux à mes dames d'honneur de rester à la maison et de se chauffer les pieds à la cheminée. Elles tricotent des bas et lisent des romans. Vous préféreriez, vous aussi, n'est-ce pas, être au chaud dans votre chambre ?

— Comment Votre Majesté peut-Elle dire cela ? Moi qui, dans ma chambre, passe toutes mes heures dans l'attente, dans l'espoir que Votre Majesté me fasse appeller...

— Pour moi, c'est le temps que j'aime le mieux. Car il n'est pas fait pour les autres. Je puis en jouir seule. En vérité, il n'est là que pour moi, comme ces pièces de théâtre que le pauvre roi Ludwig se faisait jouer, pour lui uniquement. Encore le spectacle est beaucoup plus grandiose ici, en plein air, que sur toute espèce de scène. Certes la tempête pourrait être quelque peu plus enragée : alors on se sent si proche de toutes les choses, comme en conversation avec elles !

— Votre Majesté voit-Elle ce grand vieil arbre aux branches noires et dénudées, comme il se dresse tout seul et, désespérément, étend ses bras en l'air ? Il est presque plus fort que l'ouragan, il ne bouge pas.

Sa douleur est plus forte que l'ouragan. Il est comme le roi Lear. Quand même il serait maintenant frappé de la foudre, il n'en a pas moins vaincu la mort.

Elle-même était comme une partie constitutive de ce paysage bouleversé, mais elle n'en avait point conscience.

Elle a le don, par sa seule présence, d'amener à la surface l'élément éternel des choses, de l'évoquer comme par un prestige, comme si toutes les choses, depuis longtemps essculées dans leur vie obscure, n'avaient attendu que cela pour se répandre hors d'elles-mêmes. Aussi ai-je toujours l'impression que c'est par elle, à vrai dire, que, pour la première fois, l'essence réelle des choses me fut révélée.

~~~~~~~~

Aujourd'hui, l'impératrice m'appela à quatre heures de l'après-midi seulement, au lieu de me faire partir à onze heures en voiture pour Schönbrunn, à sa suite. Toute la matinée avait été employée au grand lavage des cheveux. Cela a lieu tous les quinze jours. Aussi portait-elle ses cheveux dénoués sur le dos, pour les faire sécher. Son aspect sous cette forme, quand, déposée cette naturelle couronne, elle n'est plus obligée de plier le front sous son poids, est plus gracieux encore, s'il se peut, et aussi plus majes-tueux, plus conforme à sa vraie nature. Une jeu-nesse insoupçonnée rayonne de ses traits et presque un bonheur de ses yeux (le même qu'éprouvent les arbres quand ils se mirent dans l'eau) et des lignes de son corps une musique, plus suave encore que d'habitude, parce que, assourdie et secrète, comme en des rêves et des pressentiments, à travers l'onde des cheveux elle résonne.

Sur les doux tapis écarlates, qui couvraient le parquet, nous allions et venions, dans l'aube des
~~~~~~~~

flammes sans nombre de toute une série de grands lustres pendants, aux losanges et aux perles de cristal, dans l'haleine des vivants calices qui formaient partout de petites îles lumineuses (ô vernal rêve !), entre les muets abîmes marins des miroirs, dans un air aussi pur et aussi frais que sur les sommets des montagnes, (les croisées, *en decembre*, étaient toutes ouvertes) — et nous lisions l'*Odyssée*. En un tel milieu, près d'elle, la vieille rapsodie oubliée des vers morts de nouveau s'éveille et, par les fenêtres ouvertes, avec les flots de lumière, jusque sur la silencieuse place du château elle déborde. Des groupes humains, d'habitude, se tiennent là, dans l'ombre, et contemplent la rangée des fenêtres brillamment éclairées et les lustres flamboyants, sous lesquels un être impérial tisse sa mystérieuse vie ; et ils s'étonnent ou ils devinent, mais jamais leur pressentiment ni leur étonnement n'atteignent à la réalité...

L'empereur est entré aujourd'hui pendant la leçon. La coiffeuse s'abîma sur le tapis comme dans une trappe, et s'éloigna tout de suite en un murmure. Je me levai de ma chaise, mais l'empe-

reur m'invita à rester et se mit à causer avec l'impératrice en hongrois. Je relevai des noms d'hommes
d'Etat et de personnages politiques. L'impératrice
avait sur les traits une expression d'intense attention ; ses yeux regardaient devant elle comme s'ils
voulaient saisir de façon aiguë et pénétrante un
infiniment petit objet ; et elle répondait à l'empereur
et l'interrompait assez souvent. Le hongrois sur ses
lèvres sonnait comme des perles musicales et
embaumées. Parfois, elle haussait les épaules et
esquissait une petite grimace qui voulait beaucoup
dire, ce qui faisait rire l'empereur. Puis l'empereur
se leva et sortit de la salle de son pas élégant et
moelleux de militaire. En un bruissement, la
coiffeuse rentra et l'impératrice me dit en grec :

— Je viens de faire de la politique avec l'empereur. Je voudrais pouvoir être utile ; mais peut-
être suis-je plus avancée en grec. Et puis j'ai trop
peu de respect pour la politique et ne la juge pas
digne d'intérêt. Et vous, vous y prenez intérêt ?

— Pas trop, Majesté, je la suis seulement dans
ses grandes phases, quand des ministres tombent.

— Ah ! ils ne sont là que pour tomber ; puis
d'autres viennent, me dit-elle avec, dans la voix, une
nuance curieuse qui était comme un rire intérieur.

— Pour moi, Majesté, je m'intéresse davantage à la vie publique en France.

— Elle est assurément plus amusante !

— C'est ce que je trouve aussi, Majesté.

— Les gens, là-bas, savent mieux jouer la comédie, et avec plus d'esprit.

Au bout d'un instant, elle ajouta :

— D'ailleurs, le tout est une tellement volontaire illusion ! Les politiciens croient conduire les événements et sont toujours surpris par eux. Chaque ministère porte en soi sa chute, et cela dès le premier moment. La diplomatie n'est là que pour attraper quelque butin du voisin. Mais tout ce qui arrive, arrive de soi-même, par intérieure nécessité et maturité, et les diplomates ne font que constater les faits.

<center>~~~~~~~~~~</center>

De chacune des nombreuses langues qu'ELLE parle avec une admirable perfection, elle fait une musique. Parle-t-elle hongrois ? c'est réellement comme si une source laissait perler, l'une après l'autre, des gouttes chantantes, en lente et harmonieuse mélancolie.

— Le grec, me disait-elle, c'est la langue dans laquelle mes idées et mes mots se présentent à moi comme des êtres de beauté, pour m'ouvrir un monde insoupçonné. L'aspect de ce monde me fait oublier ce qui reste au dehors.

Aujourd'hui, nous avons rencontré une dame sur le chemin de la *Gloriette* : elle descendait et nous montions. Elle portait les cheveux coupés courts et avait une face rouge de cuivre et la démarche décidée. Fixement elle regarda l'impératrice, sans la saluer pourtant, presque d'un air de provocation. L'impératrice dit :

— La dame a de l'esprit, puisqu'elle porte les cheveux courts ; mais je crains qu'elle ne le fasse exprès pour que l'on puisse la croire spirituelle. Si je voulais faire couper mes cheveux — oh ! par conviction, parce que je les tiens pour inutiles, — les gens me tomberaient dessus comme des loups.

— Et réellement ce serait dommage, Majesté. Les gens disent bien : « Tout ne va pas à tout le monde. »

— Il n'y a que la sottise à qui tout le monde également prétende...

Aujourd'hui, ELLE dit :

— La plupart des hommes ne veulent pas que les bandeaux du destin et de la vie soient dénoués de leurs yeux ; ils croient se mettre ainsi à l'écart des périls. Mais nous ne cessons pas de vivre dans l'ombre du destin et cette ombre guette chaque goutte de lumière. Ce qui est commun à tous n'est pas l'esprit, mais le destin. Et, parfois, le destin choisit l'un de nous pour en faire un poème magnifique ou pour s'en gorger comme d'Œdipe ou de Médée... Je vous prie, lisons demain quelque chose d'Eschyle.

Plus tard, ELLE dit :

— La plupart des hommes sont malheureux parce qu'ils se trouvent en perpétuel conflit avec la nécessité. Quand on ne peut être heureux à sa guise, il ne reste qu'à aimer sa souffrance. Cela seul donne le repos, et le repos c'est la beauté de ce monde. Mais la beauté est la cause et le but de l'univers.

Aujourd'hui, dans la matinée, nous continuâmes notre traduction d'Othello. L'impératrice déclama

la chanson du saule de Desdémone avec un ravissement douloureux qui, à l'entendre, faisait défaillir,
et, brusquement, les lèvres frisées de subtile ironie,
ELLE s'exclama :

— Il y a cependant autre chose que la jalousie ou
l'héroïsme, et ce sont les saules.

Plus tard elle dit :

— On ne sait pas pourquoi les femmes sont in-
fidèles à leurs maris ! La réponse est tout simplement : parce qu'elles devraient leur rester fidèles.
Cette exigence provoque à l'infidélité parce qu'elle a
force de loi. Et sait-on donc si le mari réellement fut
l'élu que le sort désignait ? La plupart des jeunes filles
ne se marient guère que par désir de liberté. Et,
somme toute, l'amour a des ailes pour s'envoler
aussi.

Aujourd'hui, nous parlions du tragique dans les
pièces modernes. L'impératrice dit :

— Je crois que les conflits tragiques n'agissent
pas par eux seuls, mais par quelque chose que, sans
cesse, nous attendons dans notre vie et dont alors
nous croyons nous approcher. A vrai dire, nous
sommes toujours déçus, car ce sont seulement des

6*

passions ordinaires que l'on met sous nos yeux, mais nous les reconnaissons cependant pour quelque chose d'autre que ce qu'elles prétendent signifier. Et quand nous sommes saisis, nous ne le sommes pas par le tragique de théâtre, mais par des sons plus profonds qui dans notre cœur ont été éveillés.

Je lui lus les poésies lyriques d'Ibsen, entre autres des passages de *Peer Gynt*. Ce dernier poème lui parut sublime. Jusqu'alors elle n'avait, en vérité, rien connu d'Ibsen. Sûrement elle n'avait aucune idée de sa signification ni de sa grandeur. On lui avait parlé, à la cour, de ses drames, comme d'ineptes lubies qui, malheureusement, se jouaient encore. Et pourtant, tout ce monde de beauté existait déjà en elle avant que ces poèmes fussent inventés. Tout, pour ainsi dire, venait d'elle et revenait à elle. Elle a rêvé tous les rêves avant qu'ils fussent rêvés, et elle les revit en son existence, tandis que les poètes ne font que les rêver seulement. C'est pourquoi elle se contente de l'*Odyssée*, de Shakespeare, ou des chansons démodées de Heine, parce qu'elle peut parfaitement se passer de ces œuvres-là

de même que des plus éminentes créations mo—
dernes de l'esprit humain.

~~~~~~~~~~

Aujourd'hui, pendant la leçon, l'impératrice me
dit :

— Il faut que vous vous mettiez sur vos gardes
contre les intrigues de la cour. Vous êtes novice
en ces choses et vous ne savez pas où l'on place les
pièges. Je vous conseille d'être très circonspect pendant vos visites aux gens de la cour — vous savez
qui je veux dire. Ces gens se nourrissent tous les
jours de faisans et de perdrix, mais une heure sans
cancans les ferait mourir.

— Je pensais que non seulement le baron Nopcsa
et la comtesse Festetics, mais que tout le personnel
de la cour était assez dévoué à Votre Majesté pour
que je pusse me mouvoir ici en toute sécurité.

— Ah oui ! certainement. On est très dévoué à
l'impératrice. Peut-être dois-je encore remercier Dieu
d'être impératrice : autrement, cela tournerait mal
pour moi. On aime l'impératrice surtout parce
que, par amour d'elle, on a la chance d'être quelque
chose soi-même.

— Votre Majesté ne croit-Elle pas qu'il y a de
~~~~~~~~~~

magiques puissances qui émanent du génie et de la beauté de l'âme ? Je ne puis m'imaginer qu'un être quelconque, admis auprès de Votre Majesté, puisse s'arracher à ce sortilège. Par là je veux dire que l'entourage de Votre Majesté doit avoir perdu toute volonté propre et vivre seulement en la Sienne.

— Vous voudriez faire de moi une Circé ; je me souhaiterais d'en être une. Je métamorphoserais alors beaucoup de gens comme l'ont été les compagnons d'Ulysse. Mais l'égoïsme est plus fort que toute magie. Vous êtes encore trop jeune et ne connaissez pas le monde. Chaque salut a son but, chaque sourire veut être payé. Si l'on ne jugeait pas que cela va sans dire, l'on s'épargnerait même tous ces frais.

— Votre Majesté se souvient-Elle, dans le parc de Lainz, lorsque les sangliers se ruèrent sur nous en nous menaçant, de sorte que je dus les chasser avec un égrappoir que Votre Majesté avait apporté ? Je ne cessais de m'imaginer, alors, ce qui serait arrivé, si les sangliers n'avaient été si lâches, s'ils avaient fait mine de se jeter sur nous ? J'aurais prouvé à Votre Majesté mon héroïsme et mon abnégation. Et Votre Majesté pourrait en tirer au moins une exception à la règle.

— Oh ! soyez tranquille ! Ils ne nous auraient pas

attaqués ! — puisqu'ils avaient mieux à faire : ils mangaient des truffes ! — Par bonheur pour nous deux !

Et là-dessus, gaiement, elle sourit.

Instinctivement avec Elle j'ai pris dans la voix une cadence, à son oreille, uniquement, appropriée. Toujours un pas en arrière d'elle, je chemine et laisse la suite ininterrompue de mes paroles atteindre son ouïe en vagues subtiles. Aujourd'hui elle me dit, à ce propos :

— Vous avez très bien compris que l'on ne doit, par sa voix, ni étrangler ses propres idées ni effaroucher celles des autres.

Schœnbrunn, 21 décembre.

Nous parlions aujourd'hui de ses voyages en Egypte.

— Je me sens extraordinairement chez moi au Caire, dit-elle. Même dans la grande cohue des portefaix et des ânes, je me sens moins oppressée que dans un bal de la cour et presque aussi heureuse que dans une forêt. Oh, il faut bien distinguer la culture d'avec la civilisation. La culture se trouve même aux déserts de l'Arabie ; avant tout, dans le Sud et en Orient, où la civilisation n'a pas pénétré, dans les prairies solitaires et sur les mers. Etouffer la culture, voilà la civilisation. Elle est chez elle en Occident. Elle est une déviation et une altération des buts naturels de l'existence. La civilisation, c'est les tramways, — la culture, les belles forêts libres. La civilisation, c'est l'érudition, — la culture, ce sont les idées. La civilisation réclame pour soi chaque être humain et nous met tous dans une cage. La culture, chaque homme la porte en soi, comme un legs de toutes ses existences antérieures, il l'aspire en soi à chaque souffle, et en cela gît la grande unité. Il y a aussi des gradations de civilisation et de culture, qui viennent de directions opposées et se rencontrent. Où elles s'entrechoquent, éclate la plainte muette de la vie. Les victimes, ce sont les pauvres gens misérables : on leur a pris la culture, et, en retour, on leur montre la civilisation dans le lointain, pour eux presque inaccessible. A Paris, il m'est très agréable de cheminer par les rues, parce que l'individu marche perdu dans la foule. De cette manière, cette civilisation-là approche de la culture.

Aujourd'hui, ELLE me disait encore :

— Quand une dame d'honneur est près de moi, je suis tout autre. Vous l'avez remarqué hier. Il me faut toujours dire quelque chose aux comtesses, pour qu'elles puissent répondre. C'est là justement leur office. Le plus grand effroi des rois est de toujours devoir interroger. Pour moi, j'ai un grand choix de questions dans mes greniers, parce que j'en viens rarement à les distribuer en public. Quand vous me parlez, je ne réponds, souvent, qu'à moi-même, ou je vous parle bien, mais je réponds en même temps à une question que je me suis posée à moi-même, car vous n'êtes pas une dame d'honneur : et c'est ce qu'il y a en vous de préférable. Quand vous êtes près de moi en même temps que la comtesse, cela devient très intéressant : je dois louvoyer comme entre deux vents, et chacun de vous deux me sent changée à son égard et en tient l'autre pour le coupable.

Du 22 au 30 décembre.

Aujourd'hui ELLE me dit, pendant qu'on la coiffait :

— Excusez-moi, aujourd'hui je suis distraite. Je

dois appliquer toute mon intelligence à ma chevelure ; car elle (la coiffeuse) a fait dire qu'elle est malade, et cette jeune fille que voilà (la cameriste) n'est pas encore initiée à tous les mystères. Quelques séances de coiffure comme celle d'aujourd'hui et, de nouveau, je suis matée. Elle le sait bien, cette femme-là, et elle attend une capitulation. Je suis l'esclave de mes cheveux. Peut-être, pourtant, me libérerai-je un jour. Mais je laisse les choses aller comme elles veulent. Il ne faut pas contre-carrer son destin. Sinon il nous distribue ses coups plus tôt et plus désastreusement encore.

Schœnbrunn.

Comme nous nous promenions, aujourd'hui, et que nous parlions du sentiment du beau chez les hommes, l'impératrice dit :

— Il ne faut pas croire que les soi-disant *belles* et *nobles âmes* soient trop rares, surtout en Allemagne ! Hélas, hélas ! Il n'y a, certes, rien de plus ridicule que les enthousiasmes humains. Les enthousiastes sont justement les plus insupportables des gens.

Comme nous causions de la vie et des systèmes cosmiques, ELLE commença à déclamer d'une voix de fluide ironie :

Zu fragmentarisch ist Welt und Leben.
Ich will mich zum deutschen Professor begeben,
Der weiss das Leben zuzammenzusetzen,
Und er macht ein verstændlich System daraus :
Mit seinen Nachtmützen und Schlafrockfetzen
Stopft er die Lücken des Weltenbaus (*).

Je racontais à l'impératrice que j'avais vu à Innsbruck sa sœur, la duchesse d'Alençon, (**) et que je faisais souvent le pèlerinage de Mentelberg, pour avoir l'occasion de l'apercevoir dans le voisinage du château.

— Avez-vous vu aussi son chien ? demanda l'im-

(*) Trop fragmentaires sont le monde et la vie.
J'irai trouver le professeur allemand,
Celui-là s'entend à harmoniser la vie,
Et il en fait un très intelligible système ;
Avec ses bonnets de nuit et les pans de sa robe de chambre,
Il bouche tous les trous de l'édifice du monde.

(**) Brûlée vive, on le sait, en 1898, dans l'incendie du Bazar de la Charité.

pératrice. Elle en fait grand cas. Qui des deux vous
a le plus charmé ?

— Majesté !...

— Elle ne vous pardonnerait pas de n'avoir pas
admiré son chien.

<hr>

24 décembre.

Pour l'anniversaire de sa naissance, aujourd'hui,
j'ai offert à l'impératrice des violettes et une petite
urne lacrymatoire antique que j'avais emportée
d'Athènes. Elle daigna gracieusement accepter « ces
dons de tristesse et de larmes », comme elle dit.
Sur quoi j'ajoutai :

— Puisse Votre Majesté ne conserver dans cette
urne que des larmes de joie.

— Alors elle restera toujours vide, répondit-elle,
et pour les autres larmes elle est trop petite.

<hr>

Aujourd'hui, ELLE dit :

— Quand je me meus parmi les gens, je n'emploie à cela que la partie de moi-même qui m'est
commune avec eux. Les gens s'étonnent de me
trouver si semblable à eux, parce que je les inter-

roge sur le temps qu'il fait ou sur le prix des brioches. Je ne perds rien à cela. C'est comme un vieux vêtement que de temps à autre l'on sort de l'armoire et que l'on met pour un jour.

~~~~~~~~~~~~~~~~

Aujourd'hui, ELLE dit :

L'âme des peuples est le fonds commun d'inconscient dans chaque individu. Ce que chacun ignore de soi, les foules le savent. Quand les arbres fleurissent ou portent des fruits, cela se fait d'après les mêmes lois suprêmes, d'après lesquelles les peuples prospèrent.

~~~~~~~~~~~~~~~~

Schœnbrunn.

Le genou, aujourd'hui, LUI faisait grand mal. Elle souffre fort d'ischialgie, cet hiver, m'a-t-elle dit. Or, il lui fallut, de temps à autre, se frictionner le genou endolori avec de la neige, pour trouver quelque soulagement. Elle le fit elle-même, en plein air ; et alors, chaque fois, de me prier de lui tenir son en-tout-cas et de m'éloigner de quelques pas ; et, chaque fois, de revenir toute rouge de l'effort et de la souffrance. L'aspect de cette impératrice de l'âme, que la vulgaire douleur physique osait torturer, m'a tout à fait bouleversé...

~~~~~~~~~

— « Femme varie, fou qui s'y fie » : voilà ma devise, me dit aujourd'hui l'impératrice, pendant qu'on la coiffait, et en m'informant que nous ne sortirions pas à une heure de l'après-midi comme il avait été décidé la veille, mais déjà à onze heures du matin. L'empereur même l'a sue aujourd'hui pour la première fois, ajouta-t-elle, et il a été bien étonné de ma franchise. Peut-être en avait-il déjà connaissance, par expérience, mais ma devise écrite, il l'a vue pour la première fois aujourd'hui.

— Que pense Votre Majesté de cette autre devise : « Mon cœur ne t'y fie » ?

— Comment, n'avez-vous pas confiance en vous-même ? Moi, je ne me laisse influencer par rien. Dans ma devise gît toute ma philosophie. Le changement fait le charme de la vie. Il en est de cela comme de la mer.

Voilà ce qu'elle dit. Mais ses pensées, sans être affublées de mots, parlaient plus outre, comme en une intérieure portée de voix ; tout au moins un écho s'en éleva dans mon âme : « La vie est comme
~~~~~~~~~

la mer ; dans les vagues de ses phénomènes consiste
son éternité, et dans les profondeurs de ses
énigmes son prix resplendit. » Puis une autre sentence d'elle, jadis entendue, encore en moi surgit :
« Si cette existence tout entière n'est que provisoire,
à quoi bon chercher la stabilité ? Comme dans
l'homéopathie, il faut *combattre les semblables par
les semblables*. Ainsi l'on triomphe de cette maladie
aussi. La vie n'a qu'un but : être vaincue en sa
forme actuelle, telle une maladie. Et quand on veut
la vaincre, l'on ne doit rien craindre, souhaiter tout,
et être indifférent à tout. Alors seulement on est
mûr pour la métempsychose. »

Elle m'a fait appeler au salon ce matin, encore
une fois, avant de monter en voiture. A la porte,
ouverte, entre son boudoir et le salon, des cordes,
des appareils de gymnastique et de suspension
étaient placés.

Je la trouvai justement en train de *faire les
anneaux*. Elle portait une robe de soie noire à
longue traîne, bordée de superbes plumes d'au-
truche noires. Jamais je ne l'avais vue habillée
avec tant de faste. Suspendue aux cordes, elle fai-

sait un effet fantastique, tel un être entre le serpent et l'oiseau. Pour poser les pieds à terre, elle dut sauter par-dessus une corde tendue assez haut.

— Cette corde, dit-elle, se trouve là pour que je ne désapprenne pas de sauter. Mon père était un grand chasseur devant le Seigneur et il voulait nous apprendre à sauter comme des chamois.

Puis elle me pria de continuer la lecture de l'*Odyssée*. Elle voulait sortir plus tard que les autres jours, parce qu'elle avait à recevoir quelques archiduchesses, et c'est pourquoi aussi elle avait dû revêtir, par exception, cette robe de cérémonie, comme elle me dit.

— Si les archiduchesses savaient, ajouta-t-elle, que j'ai fait de la gymnastique en cet accoutrement, elles seraient pétrifiées. Mais je ne l'ai fait qu'en passant ; d'habitude, je m'acquitte de cet exercice de bon matin ou dans la soirée. Je sais ce qu'on doit au sang royal.

<p style="text-align:center">~~~~~~~~~</p>

Schœnbrunn, 10 janvier.

Nous causions du théâtre, et particulièrement de la dernière représentation d'*Hamlet*, au théâtre de la Burg, à laquelle j'avais assisté.

— Il m'est avis, Majesté, que l'Hamlet d'hier eût mieux fait de se débiter à lui-même sa belle tirade aux comédiens.

— Ainsi vous n'avez pas été content !

Et là-dessus elle cita de mémoire :

— « Oh ! je me sens percé jusqu'à l'âme, quand j'entends un gros maraud perruqué déchirer une passion en lambeaux, la mettre en haillons... C'est passer Hérode en héroderie... »

— Oui, c'est cela, Majesté. Je pense que Shakespeare eût trouvé cette manière de jouer indigne de lui.

— Et je n'aurais non plus, dit-elle, nulle envie de le voir représenter. Je me le représente mieux à moi-même, à ce que je crois. D'ailleurs, quand nous sommes seuls avec le poète, il faut que le poète se fasse notre mime ou que nous le jouions nous-mêmes. Dans le premier cas, nous ne pouvons pas nous plaindre, et dans l'autre, nous ne le voulons pas.

— Et cette Ophélie, Majesté, quelle délicieuse figure ! — dans la pièce, veux-je dire, et non pas sur la scène.

— N'avez-vous pas remarqué que chez Shakespeare les déments sont les seuls sensés ? Dans la vie non plus on ne sait pas où se trouve la raison et où la démence, de même que l'on ne sait guère si la réalité est le rêve ou si le rêve est la réalité. J'incline à tenir pour raisonnables les gens que l'on nomme fous. La raison proprement dite passe, le plus souvent, pour un « dangereux égarement ».

Au bout d'un moment, nous en vînmes à parler de l'intercalation de jeux de théâtre, comme tels, dans les pièces de Shakespeare.

— Cela est très profond, dit l'impératrice. Shakespeare voulait dire par là que notre vie tout entière n'est qu'un jeu de théâtre. Nous ne cessons de nous jouer nous-mêmes. Le jeu sur la scène est la comédie de notre comédie. Et quand une scène de théâtre est représentée sur la scène, alors c'est la scène à la troisième génération. L'effet en est d'autant plus émouvant. Les passions qui nous sont amenées ainsi à portée de vue et ne sont, à vrai dire, que bruits et pantomimes, nous font pressentir pour la première fois les vrais événements de l'âme. Plus nous nous éloignons de nous-mêmes, plus nous voyons profondément en nous. Comme dans un miroir, nous apercevons alors nos destinées.

20 janvier.

L'aspect de l'impératrice pendant qu'on la coiffait aujourd'hui, m'a fait tout à coup songer à Elisabeth Siddal, « the beloved » de Rossetti. Sa chevelure, qui d'habitude repose, sombre et lourde, telle une couronne de nocturne mélancolie, sur son front, projeta, quand ce matin elle la fit dénouer, une purpurine auréole de glorification, et elle enveloppa sa liliale forme comme une ombre massive, matérialisée dont s'irradierait de la clarté. Durant un instant, elle souleva une onde de ses cheveux dans une main, tenant dans l'autre un petit miroir en argent, par-dessus lequel elle regardait au loin, de côté, comme si elle se mirait dans le vide, en un autre invisible miroir où elle apercevait ses destinées. Elle était vraiment ainsi le tableau de Rossetti : *La bella mano*, et ces vers me vinrent à l'esprit, qu'il a écrits aussi, comme pour elle :

> *La belle donna*
> *Piangendo disse :*
> *Come son fisse*
> *Le stelle in cielo !*
> *Quel fiato anelo*
> *Dello stanco sole,*

7*

Quanto m'assonna !
E la luna, macchiata
Come uno specchio
Logoro e vecchio, —
Faccia affanata
Che cosa vuole ?

. . . .

Che le spalle sién franche
E le braccia bianche

. . . .

Che cosa al mondo
Posso più far di questi ! (*)...

(*) La belle dame
Dit en pleurant :
Qu'elles sont immobilés
Les étoiles au ciel !
Ce souffle qui halette
Du soleil las,
Comme il m'endort !
Et la lune, maculée,
Tel un miroir
Usé et vieux,
Face angoissée,
Que me veut-elle ?

. . . .

Que les épaules soient franches,
Et les bras blancs.

. . . .

Quelle chose au monde
En puis-je plus faire !

Maintenant, je sais qu'elle est, en vérité, Elisabeth Siddal elle-même ; la même superhumaine forme, plutôt de cyprès — les lèvres arquées, s'abîmant en profondes anses de souci, pourpres comme le sang de la grenade — les pénétrants yeux qui répandent de fluides essences, de sorte que l'on croit qu'ils vivent d'une propre vie ; et puis l'ondulation douloureusement lassée de ses lignes. Et maintenant tous ses noms à elle, me reviennent eux aussi à l'esprit : *The blessed Damozel, Proserpina, The day's dream, Sybilla, Sancta Lilias, Ancilla Domini, Silence, Beatrice, Beata Beatrix, lady Lillith, Rosa triplex,* et *la Bella mano* (je regardai sa main et reconnus aussitôt celle du portrait).

Tous ces noms, suaves comme une musique en rêve, implorent un seul portrait, l'embrassant de l'encens de leur parfum. Ce portrait, si multiple et si unique, n'est que l'haleine de ces intarissables essences qui, toujours de nouveau, jaillissent d'une coupe unique. Et l'unique coupe est Elisabeth Siddal. Et Elisabeth Siddal a pressenti la royale Elisabeth de Wittelsbach, mais Rossetti l'a créée de son désir même quand il l'a peinte. Ce sont là les métempsychoses de la beauté, les créatures du désir qui devine, le mythe de Pygmalion, mais surpassé.

Et cette impériale Elisabeth, aussi, vit en une extase *under a trance*), comme celle qui l'a devancée ; et comme l'autre Elisabeth qui existe maintenant en celle qui par elle fut devinée, elle porte en soi le sentiment de sa mort plus fort que celui de la vie. Et c'est pourquoi elle est le silence incarné, et elle est le long soupir des cyprès, immobiles dans les orages de l'âme, planant mystiquement sur le fleuve de la vie, sur lequel, des ombres nocturnes de ses cheveux, elle laisse choir des hyacinthes et des violettes.

Schœnbrunn, 21 janvier.

Nous avons parlé aujourd'hui, pendant la promenade, de Dante Gabriel Rossetti et de Burne-Jones.

— Ce sont, dit-ELLE, des âmes d'autrefois, revenues sur la terre pour continuer les rêves des hommes qui les précédèrent et deviner ceux des hommes qui les suivront. Ils ont tiré ces rêves du chaos où avant toute éternité ils flottaient, attendant qu'un œil les discernât. Les choses de l'esprit, aussi, veulent être enfantées pour atteindre l'accomplissement de leur sublime mort...

1er février.

— Au nom du ciel ! m'a-t-ELLE jeté à mi-voix, aujourd'hui, pendant la leçon, tandis que la coiffeuse tressait ses cheveux. Ne la regardez pas ! Je ressens chacun des regards que vous lui destinez sur mes cheveux. Ces Grecs exercent une étonnante fascination ! Je prierai mon médecin de vous prescrire des œillères, comme pour les jeunes chevaux. Et il faudra que vous les mettiez tous les matins.

<center>~~~~~~~~~~</center>

— Savez-vous quelle pièce de Shakespeare est ma préférée ? me demanda-t-ELLE, au bout d'un instant, brusquement.

— *Hamlet*, Majesté ?

— Non, le *Songe d'une nuit d'été*. N'avez-vous pas remarqué, à Lainz, la gravure qui était dans votre chambre : *Titania avec la tête d'âne* ? C'est la tête d'âne de nos illusions que sans trêve nous caressons. J'ai fait mettre ce tableau dans tous mes châteaux. Je ne puis me rassasier de le voir.

<center>~~~~~~~~~~</center>

Aujourd'hui, ELLE me conduisit dans une petite chambre dont les murs étaient littéralement couverts de portraits de chevaux. C'étaient de merveilleux portraits de bêtes merveilleuses.

— Voyez-vous, me dit-elle, tous ces amis, je les ai perdus et je ne gagnai pas un seul à leur place. Beaucoup de ces chevaux sont allés à la mort pour moi, ce que nul homme n'eût jamais fait ; ils voudraient plutôt m'assassiner.

Schœnbrunn, 19 février.

Aujourd'hui nous avons passé tout l'après-midi à monter et à descendre les deux allées qui, de deux côtés, conduisent par une douce pente à la *Cloriette*. Heures grises et lasses. Le ciel comme de cendre. Les arbres frissonnaient. Les feuilles tombées, décolorés décombres, étaient entassées en couches épaisses sous les arbres — pensées fanées et joies trépassées ; et là-dessous les heures mortes gisaient, comme en des tombeaux. Les quelques feuilles qui pendaient encore aux arbres, elles, me parurent crispées de douleur. L'air était comme vieilli, engourdi et lourd telle une eau dormante. Ainsi, en cheminant par ces mêmes et si mornes allées, sans parler, toujours, nous montions d'un côté et descendions de l'autre, enfermant dans un cercle le symbole de la *Gloriette*.

L'impératrice, ce jour-là, était extraordinairement taciturne, et ses mouvements manquaient de ce calme magnifique et de cette suavité des lignes qui leur sont coutumiers et que nul avec elle ne partage : de temps à autre, le sang lui affluait aux tempes. Je sentais qu'une atmosphère étrangère, hostile à sa nature intime, l'enveloppait.

— A de pareilles heures, on sent la vie peser plus lourdement, dis-je, alors que nous atteignions une fois encore le sommet de la *Gloriette*, comme pour faire crier en moi le silence retenu.

— Vous voulez parler de la vie que nous devons mener en troupeau de petites bêtes supérieures ! répondit l'impératrice avec une subtile ironie dans la voix. Rien de nouveau à dire là-dessus. Elle est si sombre et si mensongère, cette vie, que, certes, il ne vaut pas la peine d'essayer à la trouver supportable.

Après une courte pause, elle ajouta :

— Souvent je me semble comme enveloppée dans des voiles épais, en une mascarade intérieure : déguisée en impératrice.

— Oui, Majesté, nous prenons les phénomènes

accessoires et les conditions extérieures de l'existence pour la vie sublime elle-même, tandis que ce ne sont que des trabans et des valets autour de la litière close d'une princesse : quelque chose de faux et d'ignoble, qui, grossièrement, se débat, qui s'empresse avec un bruit importun autour de la vie, masquant, séquestrant du dehors, par des ombres sinistres et des cris menteurs, la chose exquise. Et tout cela, qui, en vérité, nous est étranger, nous le confondons avec l'unique qui nous soit propre.

L'impératrice répliqua :

— C'est pourquoi nous devons, autant que possible, tâcher de sauver quelques rares instants, pendant lesquels nous puissions pénétrer, chacun à sa guise, dans notre propre vie. Je me découvre nouvelle chaque fois que j'arrive en une autre atmosphère que nul encore n'a respirée, dont nul n'a abusé. Quand je me trouve toute seule en un site solitaire dont je sais qu'il fut peu fréquenté, je sens que mes rapports avec les choses sont tout différents de ce qu'ils seraient, si d'autres hommes avaient été là ; à cette différence seulement je me reconnais moi-même — en mer, dans les vastes plaines, là où il n'y a pas de ces recoins où les hommes s'entassent si volontiers, comme de la poussière. La vie parmi les hommes nous uniformise tous en un amas noir, où la vulgarité est le seul élément à tous commun.

— A vrai dire, les hommes ne ressentent rien de tout cela tant qu'ils vivent, dis-je ; c'est lorsque nous mourons, peut-être, que nous commençons à vivre, véritablement et profondément.

— Oh ! non, dit l'impératrice, même pendant la vie nous vivons ainsi, seulement nous ne voyons pas notre vie ; la mort seule fait tomber les écailles de nos yeux. Mais il y a des hommes qui, de leur vivant, déjà, sont plus près de la mort que de la vie. Nous n'avons, d'ordinaire, pas le temps d'aller jusqu'à nous-mêmes, tout adonnés que nous sommes à des choses étrangères. Nous n'avons pas le temps de regarder le ciel qui attend nos regards. Je me rappelle d'avoir vu une fois, à Tölz, une paysanne en train de distribuer la soupe aux valets de ferme. Elle ne parvint point à remplir sa propre assiette.

— L'idée de la mort devrait déjà, de soi, embellir notre vie, fis-je. Les choses terrestres, toutes, acquièrent, par cela même qu'elles sont périssables, une profonde valeur intime et la signification de symboles.

— Oui, dit-elle, l'idée de la mort nous exalte et nous purifie, ainsi qu'un jardinier qui arrache la mauvaise herbe lorsqu'il se trouve dans son jardin. Mais ce jardinier veut être toujours seul et se chagrine

si des curieux regardent dans son clos. C'est pourquoi je me cache la face derrière mon ombrelle et
mon éventail, pour qu'il puisse travailler en paix.

Ainsi, en parlant doucement, ou plutôt l'oreille
attentive aux monologues de nos pensées, nous
suivîmes tranquillement l'allée qui descend de la *Gloriette*, pour revenir au château. Alors, de nouveau,
mes regards se levèrent vers cette ombrelle, vers cet
éventail — vers le fameux éventail noir, vers la trop
connue ombrelle blanche — fidèles compagnons de
son existence extérieure, devenus presque des éléments constitutifs de son apparence corporelle. En
ses mains, ils ne sont pas seulement ce qu'ils sont
pour les autres femmes, mais, plutôt, de purs
emblèmes, armes et boucliers au service de son
véritable moi. Quand elle se trouve très haut, sur le
sommet d'une montagne, baignée de sonore solitude et de langeur, en l'embrasement du soleil,
tandis que le grand midi roule sur les roches, alors,
seulement, elle ferme l'ombrelle qui cache sa tête de
tous côtés, alors, seulement, de la pâleur de son
visage elle abaisse l'éventail noir. Elle s'exprima là-
dessus une fois, à Lainz. Elle veut, uniquement,
écarter d'elle la vie extérieure des hommes, comme
telle, ne pas la laisser valoir en soi, ne pas se
plier « aux lois du troupeau des petites bêtes supé-

rieures » ; elle veut préserver son intérieur silence de toute profanation ; elle ne veut pas s'éloigner des jardins fermés de la tristesse qu'en soi elle cèle et d'où les autres hommes se sont eux-mêmes exilés. Aussi se penche-t-elle sans relâche sur les éternelles fleurs de la douleur qui dans son cœur éclosent, et elle prête l'oreille aux sons de la vivante beauté mondiale qui de ces calices débordent et en eux-mêmes se résorbent et tissent la substance de son être.

— Qu'est-ce que la joie, Majesté ? demandai-je, alors que nous étions déjà arrivés à ce petit parterre de fleurs, qui, de l'aile droite du château, s'étend dans la direction de Hietzing. L'impératrice marchait très vite, car déjà l'horloge du château qui de son gros œil regardait les jardins (si inutilement pour les plantes !) marquait presque six heures du soir.

— Oh ! la joie, dit-elle, en courant plus qu'elle ne marchait, la joie n'est qu'une chose éphémère, un épisode, un bouche-trou, qui nous dupe sur la triste langueur, la *Sehnsucht*, qui doit venir. Oh ! elle vient toujours, car elle est l'attente du destin que notre vie a pour but d'atteindre ; elle est la chose la plus triste et, par là, la plus exquise qui soit au monde. Tous les êtres qui sont beaux attendent leur destin et sont tristes aussi, quand ils n'en sont pas détournés. Vous voyez, maintenant je dois me mettre à courir, parce que je me suis trop longtemps absentée de cette chère vie : mon médecin suédois m'attend pour le massage. J'appelle cela *pétrissage*, tant je suis peu impérialement disposée pendant cette opération. Et là-dessus elle éclata de rire.

En remontant en voiture, je me dis à moi-même : « Elle a ri ! A vrai dire, elle ne peut, ni ne veut jamais rire, tant qu'elle se trouve en sa véritable forme d'existence. Mais quand la réalité la frôle, alors, seulement, et par rapport aux soi-disant choses humaines, elle rit. Rire, cela signifie, pour elle, s'éloigner de son soi intime. »

Schœnbrunn, 22 février.

Aujourd'hui, comme nous revenions de la promenade, je dis à l'impératrice :

— Je ne puis assez m'émerveiller que l'allure de Votre Majesté, après des heures de marche, ne trahisse pas la moindre lassitude.

— C'est que jamais je ne suis lasse, répondit-elle. Et nous en devons grâce, mes sœurs et moi, à notre père. « Il faut apprendre à marcher aussi », nous disait-il toujours, et il nous tenait, exprès pour cela, un maître réputé. Et ce maître, ajouta-t-elle gaiement, nous recommandait sans cesse : « A

chaque pas que l'on fait, il faut pouvoir se reposer
du pas précédent, et, autant que possible, ne pas se
traîner sur le sol. » D'après lui, nous ne devions
avoir qu'un seul exemple devant les yeux : les
papillons. Ma sœur d'Alençon et la reine de Naples
sont célèbres, à Paris, pour leur démarche. Mais nous
ne marchons pas comme doivent marcher les Reines.
Les Bourbons, qui presque jamais ne sont sortis à
pied, ont pris une allure spéciale — celle d'oies
majestueuses. Eux procèdent comme de vrais rois.

Du 25 février au 5 mars.

Nous lisons les œuvres de Carmen Sylva. L'impératrice aime beaucoup la poétesse couronnée.

— Sa juvénilité est digne d'admiration, dit-elle.
Elle reste toujours le *backfisch* (*) allemand, en
dépit de sa couronne exotique et de ses cheveux
blancs. Et son monde sentimental aussi est resté le
même, bien qu'elle soit devenue, entre temps, mère
malheureuse. Elle est toujours aussi impulsive, fa-
cile à s'enflammer et promptement tarie. Ses œuvres

____

(*) *Poisson frit*, terme par lequel on désigne en allemand les
jeunes filles dans l'âge ingrat, et dont le trait caractéristique, en
Allemagne, est la précocité jointe à une affectation de naïveté et
une exaltation sentimentale et idéaliste, plutôt ridicules.

en souffrent. Elle n'a pas la patience de s'arrêter sur ses idées et de les pénétrer ; c'est comme si elle se mourait d'une soif d'événements, derrière lesquels elle espère atteindre l'*inaccessible*. Aussi, n'atteint-elle jamais le repos, qui est le but unique. Il faut renoncer au fait. Seul l'inarrivé est éternel...

L'impératrice a trouvé impayable la « boucle de colère » d'une des héroïnes de Carmen Sylva : une boucle de cheveux qui se dresse menaçante à chaque accès de colère.

<p style="text-align:center">~~~~~~~~~~</p>

Schœnbrunn.

Partout de la neige. La languissante silhouette noire, sur le plan désert et blanc, cheminant lentement, en apparence sans but, comme pour concentrer, simplement, en sa vivante ligne noire perpendiculaire, le beau calme mort de la surface, et pour faire prendre ainsi à celle-ci conscience de soi-même. Et aussi toute cette pureté d'hermine s'incarne en cette noire ligne serpentine, et cette même atmosphère de cristal emplit son âme...

<p style="text-align:center">~~~~~~~~~~</p>

ELLE a traduit aujourd'hui en grec moderne, et

avec un admirable élan, le cinquième chant de l'*Odyssée* (les adieux à Calypso et l'arrivée à Schéria), que je lui récitai en allemand.

— Nous chantons maintenant le prélude de notre voyage à Corfou, dit-elle. Si Heine ne nous avait dit que les dieux de la Grèce sont morts et qu'ils sont, tout au plus, capables de rougir des vérités qu'on leur débite, nous devrions supplier Dzeus et Poseidon de nous accorder une traversée heureuse. Vous, hellène, vous ne craignez sûrement pas la mer. Aurez-vous le mal de mer, par exemple ? Si c'est ainsi, vous n'éprouverez pas grand plaisir à mes voyages. Je suis comme un oiseau de tempête. Je fais carguer toute la voilure pour ne pas me priver de la vue des vagues en fureur ; et chaque fois qu'une lame déferle sur le pont, j'ai envie d'éclater en cris de jubilation. En feriez-vous autant ?

— Peut-être bien, Majesté. Du reste, le voyage jusqu'à Corfou n'offre plus maintenant de pareilles épouvantes.

— C'est malheureux ! Voilà un des inconvénients de la civilisation. J'ai navigué une fois sur l'Océan, sur le yacht anglais *Chazalie*, qui n'était guère qu'une grande barque. Mais ce n'était qu'une infime partie de l'Océan. J'aurais eu tant de plaisir à traverser l'Océan entier sur cette barque !

Miramare, le 6 mars.

MIRAMARE

Arrivés aujourd'hui avec le train impérial. Du soleil après la pluie, qui n'était, peut-être, que de la neige fondue. Là-haut, sur le Karst, il y avait eu encore, sur les bords extrêmes des rochers et dans les rameaux d'arbres rabougris, des tas de neige branlants, exécutant d'invraisemblables tours d'équilibre. C'était comme de mauvais souvenirs qui ne voulaient pas disparaître ; mais dans l'éclat du soleil ils avaient perdu toute horreur. Nous sommes descendus à la station de Grignagno. Le parc du château monte jusqu'ici, sous une buée d'aromes et de vapeurs après la pluie.

L'Impératrice avec le baron Nopcsa, puis la comtesse Janka Mikes, moi et le reste de la suite, nous avançons sur les allées de gravier humide, sous les arbres dégouttants et frissonnants, qui, en terrasses et sans interruption, descendent jusqu'à la mer qu'ils ne veulent plus quitter. Et enfin, la subjuguante apparition de la mer elle-même. Le château, empli d'une triste solitude. Des murs lambrissés de noir dans le vestibule qui donne sur la mer et sur les jardins. Des escaliers, merveilles de sculpture en bois, qui rêvent de pas craquants. Des portraits rembrunis de Habsbourgs espagnols : ô ces têtes fines de don Juan, la fièvre dans les yeux et la lèvre inférieure débordante, caractéristique pour toute la race ; et les mélancoliques yeux d'infantes fragiles, dont les mains menues reposent sur les plis lourds de leurs robes de soie ; et, encore, adorables petites bouches d'enfants impériaux, dont les joues à fossettes s'encadrent dans de grandes fraises raides.

Ma chambre se trouve dans la grande tour, avec vue sur l'infini de la mer. Devant mes fenêtres, des mouettes blanches, d'un silencieux coup d'aile sur le miroir de la mer, comme des rêves inquiets, tournoient : éblouissantes, elles s'enlèvent sur le ciel et la mer... Dans ma chambre une vieille garniture de soie écarlate avec de hauts dossiers dorés. Dans la soie est tissé l'aigle mexicain, broyant dans son bec un reptile : (ô ironie du destin, que l'aigle ait été anéanti par le reptile avant que l'étoffe ne se fût usée !)... Une servante italienne aux proportions d'ogresse est à mes ordres ; aidée d'un vieux laquais asthmatique, elle me sert à dîner (je n'avais jamais vu d'aussi grosses et belles écrevisses : une seule de leurs pinces remplissait mon assiette, et elles étaient roses comme du corail). Ces deux âmes domestiques font le service du château depuis les temps du pauvre empereur Maximilien. Avec une naïve jovialité et une loquacité intarissable, ils content les plus tristes choses.

~~~~~~~~~~

L'impératrice se fait coiffer dans un pâle boudoir en soie bleue. Les murs sont ornés de portraits de la famille royale de Belgique ; ils me rappellent que chez les races royales la destinée (c'est-à-dire le malheur, car le destin est funeste, toujours) se transmet des unes aux autres, par les liens du sang.

~~~~~~~~~~

Le soleil s'évanouissait derrière les arbres. Les noirs et opaques cyprès, en leurs contours (chute continue et pourtant immuable) étaient liserés comme d'une ruisselante chevelure d'or ; et à travers les ténèbres de leurs branches, cependant, le soleil disait adieu tout comme si ç'eût été pour jamais... Nous passâmes devant un grand pin baignant dans de l'or roux. De son faîte, une assourdissante criaillerie de moineaux en querelle s'élevait.

— Le pin ne s'en soucie guère, dit l'impératrice, lignes de son faîte restent les mêmes.

Plus loin, tous les arbres redevinrent muets. Un petit nuage, esseulé au milieu du ciel, rêvait. Il

était habillé de pourpre et se noyait dans un océan
de rayons. Il avait l'air de souffrir, mais si tendre
était sa souffrance, qu'elle semblait presque du
bonheur... Nous descendîmes ensuite sur le rivage..
Du sommet d'un cyprès, tout contre la mer, soudain, long et répété, retentit un cri désolé d'oiseau
qui s'adressait à l'astre agonisant.

— Comme le soleil se meurt, Majesté, dis-je,
comme il se rue dans le grand abîme en l'ondoyante
pourpre de son désir et accompagné de tant d'accords.
de harpes !

L'impératrice parut un instant absorbée en la contemplation de cette féerie solitaire, puis, soudain,.
elle tourna son visage vers moi et dit de sa voix
chantante :

> *Mein Herrlein ! sei'n Sie munter.*
> *Das ist ein altes Stück :*
> *Hier vorne geht sie unter,*
> *Und kehrt von hinten zurück (*)...*

— En de tels instants, ajouta-t-elle, devenue sé—

(*)   Soyez content, mon petit seigneur !
        Ça, c'est un vieux tour :
        Là, par devant, il disparaît,
        Mais il revient par derrière.

rieuse, on ne doit croire qu'à une chose, à la grandeur du néant.

~~~~~~~~~

Je n'ai pas besoin de regarder dans son cœur, pour y surprendre les tristesses qui tissent là sa vie secrète.

Souvent elle dit un mot, et puis elle se tait, mais le sens du mot et la mélodie du son s'éploient, se prolongent, dans le silence, à l'infini... Et son silence me fait deviner *l'indicible*.

~~~~~~~~~

En ses secrets elle doit puiser de merveilleuses agonies.

Souvent dans ses yeux passent des désespoirs dont on ne saurait dire l'effroi.

Sa vie, dans quels abîmes roule-t-elle, sa vie qu'elle creuse si profondément dans le roc de la solitude ?...

~~~~~~~~~

Tout devient fabuleux dans sa proximité, les choses se montrent sous un aspect nouveau, comme éclairées par les bleus sommets de son âme.
~~~~~~~~~

Chaque jardin où elle met le pied, devient aussi
mystérieux que celui des Hespérides.

La mer si vaste, si vaste et vide et désolée, et les
vagues qui se brisent sur les écueils, si lasses ! Leur
voix, léger frôlement de feuilles sèches, murmure
qui soudain, craintivement, se tait. Oh ! ces nuits
lunaires sur l'eau ! Ces féeries de silence, qui en
nous retentissent comme des cris d'exaspération ! Et
une solitude sans fin, un anéantissement dans la
profondeur de son soi, par delà la compréhension
des sens. Ce sein ouvert de la mer, quelle immensité de désir n'embrasse-t-il ? Et la lune s'est glissée,
éperdue, jusqu'à lui et a posé ses joues claires sur
la tremblante surface, et ruisselle au dedans d'elle-
même jusqu'à s'en assoupir — et s'endort, et ruisselle toujours encore.

— Quelles ténèbres, Majesté, sous cette ruisselante
ivresse gisent ensevelies, quels abîmes taisent leurs
gémissements, puisque toujours ils doivent rester
des abîmes... En ce lumineux fleuve, le bonheur de
vivre, d'un inconcevable lointain, jusqu'aux écueils,
s'épanche et puis se brise, sur les écueils qui sont
là. C'est comme s'il voulait ruisseler plus loin,

ruisseler toujours sur le miroir de l'âme, par-dessus tous les gémissants abîmes.

Alors l'impératrice dit :

— Le bonheur n'est pas donné aux écueils. Fatalement la lumière se brise contre les écueils. Je suis comme un écueil. La lumière ne risque pas de m'approcher. Et si elle venait jusqu'à moi — il y a des ténèbres dans lesquelles tous les clairs rayons se dissolvent, qui absorbent toute lumière et ne la rendent jamais.

Et tandis qu'elle me parlait ainsi, ses yeux me parurent luire intérieurement.

<center>~~~~~~</center>

Nous passâmes devant un petit étang, tout à l'écart du château, sur lequel des canards nageaient. Le soleil baissait justement derrière les arbres et versait de l'or sur les eaux. Ainsi les humbles oiseaux domestiques devinrent somptueux et fantastiques. L'un après l'autre, les canards sortirent de l'eau dorée et furent tranquilles sur la berge, comme absorbés dans la méditation de tristes énigmes, et l'impératrice dit :

— Nul ne se soucie de leurs sentiments. On les traite presque comme des cuisinières, parce qu'on ne les considère que par rapport à la cuisine. Qui sait s'ils n'ont pas jadis été des reines... Quand je reviendrai sur la terre...

Et ici, brusquement, elle s'interrompit.

~~~~~~~~~

Nous causions aujourd'hui du poète anglais Swinburne, qu'ELLE aime tant. Elle me parlait de sa calme désespérance à se lamenter sur la beauté fugitive et sur les sortilèges qui font tarir le bonheur, de ses chœurs antiques qui chantent les dons de la tristesse et des larmes, puis de la vie que l'on ne peut rejeter, et c'est pourquoi le vaisseau des hommes fait voile vers les îles bienheureuses, sur la mer hespérique, pour s'y réfugier hors de l'empire de la mort.... Que ce monde qu'elle m'ouvrait était éblouissant ! Comme en une indéfinissable perplexité et succombant sous je ne sais quel vœu confus et magnifiquement farouche, j'arrachai un rameau aux jeunes et fraîches feuilles qui avait effleuré ma tête, et j'y enfouis mon visage. Un âcre et pénétrant parfum de jeunesse non vécue, inépuisée, me mit presque les larmes aux yeux. Alors, en moi, tout l'incréé, se devina, tous les germes de l'avenir, je les sentis en
~~~~~~~~~

moi-même, aspirer à leur accomplissement. Mais l'impératrice me dit :

— Pourquoi avez-vous cassé cette branche ? Vous êtes aussi cruel que le destin.

Puis elle dit :

— L'art n'est qu'une création de notre désir de suprême existence, telle que la vie devrait être pour nous ; il naît de la nostalgie de l'unique patrie, et il en devine les formes.

Il pleuvait de grosses gouttes tièdes, tombant aussi doucement que de silencieuses larmes, pleurées sur des mains qui s'enlacent, sans qu'un mot soit prononcé. Tout autour de moi et en moi aussi, un grand silence résonnait. Je sentais toutes les forces de l'âme se consumer en ce mutuel silence. Je regardai l'impératrice et me dis : « Toutes les beautés se fanent royalement en elle, sans que personne les aperçoive. »

Statuettes blanches et pensives dans leurs niches vertes, aux gestes raidis d'un idéal humain décoloré ! Dans une partie peu fréquentée du jardin, une déesse de pierre gisait sur le sol, le visage dans ses bras, comme si elle pleurait... Ces promenades à ses côtés, à travers le jardin de la mélancolie, dont elle me semblait être la projection spirituelle, donnèrent à ces quelques journées que je passai au château en la mer, l'indicible charme d'une mystérieuse pénétration. Tout ce que je voyais autour de moi sommeillait, et c'était comme si tout aurait pu s'éveiller par un de ses vœux chaque fois renouvelé.

<center>~~~~~~~~~~</center>

15 mars.

Aujourd'hui nous nous embarquerons sur le yacht impérial *Miramare*, qui depuis avant-hier est arrivé de Pola, et a jeté ancre devant le château : un bateau à roues, de structure délicate, de formes aussi souples qu'un yacht, mais plus grand que ne le sont d'habitude les bâtiments de plaisance. De la fenêtre de ma chambre, qui occupe la partie supérieure de la grande tour, je vois le vaisseau, sur la mer grise, doucement se balancer : unique point sombre sur toute cette incolore désolation qui va s'étouffer dans les laiteuses brumes du lointain. Sur toute cette surface liquide sans visibles limites, la vie paraî suspendue, et comme concentrée dans le tendre balancement de cet unique et noir navire...

~~~~~~~~~~~

— Avant de nous embarquer, nous voulons, une fois, aller visiter encore nos endroits favoris, m'a dit l'impératrice hier soir.

Et nous allâmes par le parterre, à travers des fleurs trop tôt écloses, délicates et misérables, puis, du côté de l'*île des cerfs*, jusqu'au *chalet*; enfin, sans nullement éprouver le besoin de nous expliquer là-dessus, presque instinctivement, nous dirigeâmes nos pas vers le pavillon où habita l'impératrice Charlotte, quand elle fut revenue, seule, du Mexique. Elle l'habita démente, et démente elle le quitta. Solitaire et muet il se dresse, les fenêtres hermétiquement closes, à jamais. Des branches en réseau de rosiers grimpants, arides encore, enlacent la véranda et les murs, comme des choses trépassées qui fussent restées là, attachées — douloureux souvenirs de joies qui furent : l'on a peine à s'imaginer, en les voyant, que, chaque printemps, elles épandent sur cette maison léthargique et inanimée une nouvelle vie frissonnante de fleurs. Mais de tout temps la tour élancée est étreinte par un sombre lierre qui
~~~~~~~~~~~

semble symboliser quelque chose de sinistre, à quoi l'on ne peut échapper, que l'on ne peut pas arracher de son âme. Sans dire mot, l'impératrice fit plusieurs fois le tour de l'enceinte de plantes vives, qui retranchait le délaissé petit château de la folie du grand parc artificiel de la vie extérieure. Ses regards glissaient sur les fenêtres closes que, fixement et obstinément, quelques cyprès, noirs comme l'érèbe, tout en exhalant un amer et pénétrant arome, contemplaient, eux aussi. Et à mes yeux apparut le célèbre tableau qui représente l'alors heureuse châtelaine archiduchesse Charlotte, serrant dans ses bras la jeune et rayonnante impératrice Elisabeth, de retour de Madère, au débarqué, sur le grand escalier hémicirculaire de marbre blanc qui mène à la mer...

L'impératrice était debout à côté de moi, et comme si elle entendait mes pensées, elle dit d'une voix à peine perceptible :

— Un abîme de trente ans, plein d'horreurs... Et avec cela, on dit que l'impératrice Charlotte engraisse encore.

Elle se tut ; mais, encore, elle s'immobilisait près de l'enceinte de plantes vives, et ses regards seuls glissaient sur les croisées fermées. Un souffle, venant des plus cachées profondeurs de mon être, me fit soudain tressaillir, comme si la crainte secrète de ces

puissances aveugles qui fauchent un jeune arbre en
une nuit eût débordé dans mon âme — et j'aperçus,
alors, l'impératrice déjà assez loin, qui se retour-
nait de mon côté. Elle devait s'être éloignée en
courant.

— C'est encore plus triste qu'Œdipe, dis-je, en
m'approchant d'elle. « La vie et le bonheur sont un
souffle », a quelque part chanté Dante.

— Le malheur est plus fort et la folie est plus vraie
que n'est la vie, répondit-elle, et nous regagnâmes le
château.

~~~~~~~~~~

A l'heure de nous embarquer, le temps était
devenu plus morne encore. Sans un souffle, la mer
gisait, étouffée sous le voile épais d'une blême grisaille. Sur le miroir des eaux, tout bas, de blanches
couches de ouate, nuées immobiles et comme tristement assoupies, s'étendaient jusqu'au loin. Les très
petites vagues que devant elle la quille de la chaloupe soulevait se frisaient, lentes et paresseuses, un
instant, et, ensuite s'affaissaient sur elles-mêmes,
sans le moindre murmure. Seules, la cadence régulière des rames et l'impérieuse voix du timonier
qui dirigeait l'embarcation de l'impératrice réson-
~~~~~~~~~~

naient dans le silence, vibrantes par-dessus la vaste surface vide...

~~~~~~~~~~

Le yacht impérial est élégant et luxueux. Les cabines réservées à l'impératrice, très bas dans la coque du vaisseau, ont ce caractère spécial d'un logement de marin ; elles sont simplement et pratiquement disposées, et, cependant, l'on y reconnaît de suite la demeure d'une personnalité sublime. Ici aussi tous les meubles couverts de toiles blanches sous lesquelles aucune soie ne se devine, et des fleurs partout. La cabine de bain est, en vérité, la principale pièce, arrangée avec plus de confort que les autres. Pendant ses traversées, l'impératrice ne prend que des bains d'eau de mer : cette eau, une chaloupe, durant la marche du bateau, va la chercher très loin dans la mer. Sur le pont, il y a un pavillon en rotonde de verre, offrant, de tous côtés, vue sur la mer. Il est capitonné en soie bleue, avec des stores à tirer et un divan circulaire, de soie bleue aussi. C'est ici que l'impératrice se fait coiffer le matin, et en même temps elle lit ou écrit avec moi. Tant qu'elle se tient dans ce pavillon, tous les rideaux sont baissés ; — autrement, ce n'est qu'en temps

9
~~~~~~~~~~

de pluie ou de forte tempête qu'elle s'y retire, et,
dans ce cas, la vue sur la mer est de nouveau libérée.
Elle-même m'a montré et expliqué tout cela.

— Quand il y a la tempête et que nous sommes
sur la haute mer, je me fais, d'habitude, attacher
avec des cordes sur cette chaise. Je prends les mêmes
précautions qu'Ulysse, parce que les vagues m'at-
tirent de même.

Mais son domaine particulier est, comme elle me
le disait, l'arrière-pont et l'un des bancs de quart
qu'elle a fait clore avec des toiles à voiles, de façon
que l'on ne voit plus rien du navire et que seule
la mer reste visible. A cette tente, je donnai le nom
de *la tente d'Isolde*, ce qu'elle trouva très bien. Elle
a certaines heures où elle adopte le banc de quart
ou l'arrière-pont : le matin par exemple le banc de
quart ; à midi, l'arrière-pont ; et le soir, de nouveau,
le banc de quart. Mais vers le soir, les toiles sont
enlevées et l'équipage cherche, autant que possible,
à se rendre invisible.

⁓⁓⁓⁓⁓⁓⁓

Aussitôt après la fin de la leçon, ELLE me fit rappeler sur le pont. Dans la *tente d'Isolde*, une seule
ouverture était pratiquée, masquée d'un tapis sus-

pendu. Devant nous, nous n'avions que la mer, vide et diverse, d'un bleu sombre de plomb, ce qui rendait presque sensible la pesanteur de ses masses liquides ; et de blancs cordons d'écume traversaient ce morne bleu infini. Des mouettes aux ailes silencieuses voletaient derrière nous ; de temps à autre elles poussaient des cris stridents.

— A chacun de mes voyages, les mouettes suivent mon vaisseau, dit-elle, et il en est toujours une de couleur sombre, presque noire, comme celle-là.

Et elle me montra du doigt une mouette noirâtre qui volait à la tête des autres. Sur quoi elle ajouta :

— Celle-là seule viendra jusque tout près de Corfou. Parfois la mouette noire m'a accompagnée pendant toute une semaine, d'un continent à l'autre. Je crois qu'elle est mon Destin.

~~~~~~~~~~~

Le *Miramare* a fait relâche à Pola, parce que l'impératrice se proposait d'inspecter l'ancien croiseur *Pélican*, que l'on était en train de transformer en yacht impérial. Le vaisseau, qui attendait cette visite, était pavoisé. Elle s'y rendit, avec sa dame d'honneur, sur une chaloupe du *Miramare*, et au-
~~~~~~~~~~~

devant de celle-ci vint une autre barque avec des amiraux et différents dignitaires du port. Des solitudes de l'esprit où elle vaguait, elle rentrait maintenant dans l'atmosphère de son impériale situation parmi les hommes. Mais elle apportait là aussi l'indicible élévation, la sublime grâce de sa propre nature. Je lus sur le visage de ceux qui l'entouraient qu'ils étaient éblouis par la poésie de sa présence, mais qu'ils ne se rendaient guère compte de l'unique cause, et attribuaient, faussement, l'impression ressentie à sa haute dignité.

~~~~~~~~

Aujourd'hui ELLE dit :

— La vie à bord est pourtant plus qu'un simple voyage. C'est une vie améliorée, et, surtout, plus vraie. Je cherche à en jouir aussi pleinement et aussi longuement que possible. On se trouve ici comme sur une île d'où tous les désagréments et toutes les relations sont bannis. C'est une vie idéale, chimiquement pure, cristallisée, sans désir, et sans conscience du temps. Le sentiment du temps est toujours douloureux, car il nous donne le sentiment de la vie.

~~~~~~~~

Sur le pont, ELLE me dit, en me montrant la mouette brune qui, toujours, battant de ses ailes transparentes dans le soleil, tantôt à gauche, tantôt à droite du vaisseau, planait sur nous.

— Elle me présage qu'il me faut mourir noyée. Quand j'ai su comment mourut Shelley, aussitôt, cette idée m'est venue.

~~~~~~~~~~

Nous passions devant les îles Dalmates. La mer maintenant était plus calme. La côte verdoyait. Je demandai si ELLE ne souhaitait pas mettre pied à terre. Elle dit :

— La vie sur le vaisseau est de beaucoup plus belle que ne peut être toute rive. Cela ne vaut la peine de désirer aller quelque part que parce que le voyage s'interpose entre nous et notre vœu. Si j'étais arrivée n'importe où et que je susse que je ne pourrai m'en éloigner jamais plus, le séjour dans un paradis même, me deviendrait l'enfer. La pensée d'abandonner bientôt un endroit m'émeut et me le fait aimer. Et ainsi j'enterre chaque fois un rêve, trop tôt évanoui, pour soupirer après un autre, qui n'est pas encore né.

~~~~~~~~~~

A trois heures de l'après-midi, on LUI servit du lait d'une chèvre de race maltaise, que l'on avait emmenée de Vienne.

— Elle fait le voyage sans nul enthousiasme pour le beau, dit-elle, comme nous visitions la chèvre dans son box. Mais elle a, très développé, le sentiment du devoir, car elle est anglaise. Cela a plus de valeur que toute esthétique. C'est pourquoi je l'ai emmenée. Il n'y a pas de meilleures nurses que les Anglaises.

Plus tard, ELLE me dit :

Les hommes croient qu'ils dominent la nature et les éléments avec leurs bateaux à vapeur et leurs trains express. Tout au contraire, c'est la nature maintenant qui a mis les hommes sous le joug. Jadis on se sentait dieu dans un trou de vallée que jamais l'on n'abandonnait. Maintenant, globe-trotters, nous roulons comme des gouttes d'eau dans la mer, et nous reconnaîtrons finalement que nous ne sommes rien de plus.

— En mer, ma respiration s'élargit, me dit-
ELLE encore sur le pont. Elle se règle sur la houle.
Plus les lames deviennent amples, plus je respire
profondément.

— Oui, Majesté, il y a entre nous, pauvres
mortels, et les choses éternelles de profondes corres-
pondances dont de pérennelles énigmes cèlent les
lois.

— Je pense, dit-elle, que la mer nous déshumanise, qu'elle ne souffre en nous rien de l'animalité
terrestre. Dans la tempête, il me semble souvent
que je sois moi-même devenue une vague écumante.

Et moi de regarder vers elle, comme ébloui.

〜〜〜〜〜〜〜

Aujourd'hui la mer de nouveau est orageuse. ELLE
désira que je lui lusse quelques pages du *Cycle de la
mer du Nord*, de Heine. La seconde strophe de la
Tempête me causa un indéfinissable frisson, car cela
est comme décalqué sur elle.

> *O Meër !*
> *Mutter der Schœnheit, der shaumentstieg'nen !*
> *Schon flattert, leichenwitternd,*
> *Die weisse, gespenstische Mœwe.*

> *Und wetzt an dem Mastbaum den Schnabel* (*).

Et plus loin :

> *Fern an schottischer Felsenküste...*
> *Steht eine schœne kranke Frau,*
> *Zartdurchsichtig und marmorblass...*
>
> *Und der Wind duzchwühlt ihre langen Locken*
> *Und trægt ihr dunkles Lied*
> *Ueber das weite, stürmende Meer* (**).

Craintivement je levai mes regards vers les siens, et je les vis qui erraient, graves et tristes, sur la déserte et houleuse mer.

(*) O mer !
    Mère de la beauté, de celle qui de l'écume surgit !
    Déjà, flairant les cadavres, volette
    La spectrale blanche mouette,
    Et son bec sur le mât elle aiguise.

(**) Loin sur les roches écossaises
    Se tient une femme belle et malade,
    Délicatement transparente et blanche comme le marbre...
    Et le vent éparpille ses longues boucles
    Et traîne son sinistre chant
    Par-dessus la mer déserte et orageuse.

17 mars 1892.

La matinale grisaille déjà s'éployait quand nous arrivâmes en vue de Corfou. L'approche de la rive natale m'avait amené sur le pont plus tôt que de coutume. La mer, encore, sous un voile opaque de cendres sommeillait. Les roues du *Miramare* s'enfonçaient mollement dans le lait de ces flots et tiraient après elles de longues raies de soie et argentées qui s'assombrissaient en lasses volutes d'émeraude. Une humide fraîcheur pénétrait l'air immobile en une blancheur diffuse — et pas d'autre bruit que le halètement de la machine qui, calme et assourdi, montait d'un lointain profond, palpitations d'un cœur, plus sensibles que perceptibles. Nous voguions précisément dans l'étroit canal entre la pointe nord de Corfou et les murs montagneux de l'Epire. D'un côté, rocs titaniques, noirs comme de l'ébène sur le pâle vert gris du ciel, — et basses collines rondes de la côte corfiote, sous une humble broussaille, qui s'esquissait noir sur noir aussi en contours estompés ; beaucoup de ces buissons devaient être en fleurs, car un parfum intensément suave, du miel évaporé entremêlé avec les exhalaisons de la roche humide, enveloppait de temps à autre le vaisseau. Où la blanche mer enlaçait les collines assoupies, un

9*

mystère de grands abîmes, en eux-mêmes effondrés,
se révélait. Et une à peine visible frisure d'écume
léchait sans bruit la rocheuse côte — baisers dans
le sommeil ; mais on sentait que, sous ces calmes et
si tendres délicatesses, sommeillait l'épouvante de
furieux déferlements. Oui, tout cela était immergé
dans un profond et léthéen sommeil, mais ce
sommeil laissait deviner une passionnée et profonde
vie.

L'impératrice était aussi montée sur le pont,
quoique la tente protectrice ne fût pas encore
dressée. Elle m'aperçut, et me salua de la tête :

— Une pareille matinée est un magnifique état
d'existence, me dit-elle. Comme toutes ces montagnes dorment ! Ce n'est pas le silence seulement
ni l'absence de la clarté du soleil, c'est le vrai
sommeil d'êtres vivants dont nous ne sommes
qu'une copie dégradée. Voyez-vous là-bas le *Pantokrator* avec ses deux cornes jumelles, aux courbes
aussi gracieuses et aussi pures que celles d'un jeune
torse de Dieu ? Toujours il est le premier à s'éveiller.

Nous tournâmes nos yeux vers le soleil levant :
derrière les monts *Acrocérauniens* où les *Euménides*
habitent et où se trouve l'entrée des enfers, l'astre
surgissait. Des vagues de clarté annonçaient, fré-
missantes, son passage sur la céleste mer ; c'était

comme des feuilles de roses, pâlies au cœur, qui se
répandaient à l'infini, sur d'insondables lointains,
indiciblement. Et les cimes des montagnes de res-
plendir, d'un poudroiement d'or rosé, comme dans
un labyrinthe de supraterrestre lueur, en l'éloignement et l'éclat des mythiques temps des dieux.
L'on sentait, si l'on ne le savait pas, qu'ici *l'aurore
aux doigts de roses*, ici le jubilant Phœbus au
quadrige de chevaux blancs étaient chez eux. Et puis
les roses tombèrent sur la poitrine de pierre du
Pantokrator ; toutes les profondes ravines devinrent
visibles, et les blancs villages grimpeurs s'éclairèrent
doucement. Et la lumière glissa le long des rocs
escarpés, enfouit les ombres dans les gouffres ou les
jeta en longues bandes veloutées sur la mer. Et puis
il vint lui-même — le vermeil soleil — en un Péan,
en des fanfares de Triomphe, et dénoua sa chevelure
d'or sur la mer et sur les îles.

Et notre vaisseau passa devant le port de Corfou
et continua sa marche vers le Sud... J'étais debout
à côté de l'impératrice, sur le banc de quart clos de
toiles (*la tente d'Isolde supérieure*), tandis que, tout
près de la côte, nous glissions silencieusement sur
les flots diaphanes d'émeraude. Tel un désir fluide
qui buvait nos regards, était cette viride transpa-
rence. La baie de Garitza ouvrait son sein, si molle-

ment arrondi, au fond duquel des maisons blanches
étincelaient et de douces collines, sous de bleus
voiles, encore, dormaient. Puis vint une langue de
terre avancée, tout envahie de plantes luxuriantes :
comme d'une corne d'Amalthée les arbres et les
fleurs s'épanchaient jusque dans la mer ; des aloès
et des palmiers élevaient plus haut leurs graciles
têtes dans le bleu ; des oranges, dans le feuillage
sombre, flamboyaient, et la maison blanche couchée
dans ces jardins, c'était *Mon Repos*, le palais qui
jadis avait servi comme résidence au lord-commis-
saire des îles Ioniennes et qui, maintenant, appartient au roi de Grèce.

— J'ai aussi habité un an ici, dit l'impératrice.
Le consul Warsberg appelait cet endroit *les jardins
d'Alcinoüs*. Nous avons souvent causé de la pauvre
Nausicaa, qui fut si amèrement détrompée. Voyez
cet escalier dans le rocher, qui conduit à la mer,
je l'employais pour aller me baigner. Il y a là,
dans le roc, une grotte naturelle, masquée par des
roseaux et des branches pendantes de genêt jaune,

— c'était ma *grotte de Calypso* ; ce n'est qu'au
Lido que j'ai pu me baigner aussi délicieusement.
J'ai des moments et même des périodes entières,
où je ne puis vivre que sur la mer ou dans la mer.

Et le vaisseau glissa devant les jardins de Nausicaa, penchés comme d'un élan passionné sur la mer, et devant l'invisible grotte de l'impériale Calypso. Une nouvelle baie s'ouvrit, la *mer de Chalkiopoulos*, le port phéacien, où Ulysse s'embarqua sur son vaisseau rapide pour Ithaque. Esseulé, comme d'un autre monde, encore plongé dans un pâle sommeil, il gisait là, ce havre immémorial, en un liquide et nébuleux éclat, voilé par le rêve et le mystère. Mais du milieu des eaux du sommeil, s'élevait un faisceau de noirs cyprès étreignant une toute petite et blanche chapelle ; et où le récif, qui portait ces cyprès, plongeait dans la mer, celle-ci rougissait d'un purpural reflet de géraniums.

— Cet îlot, dis-je, me semble le modèle de l'*Ile de la Mort* de Böcklin. Les cyprès se dressent là comme de lugubres rêves, et les fleurs ardentes, qui se reflètent sur le miroir de l'eau, sont sacrées à Perséphoné.

— Les Grecs la nomment prosaïquement *île de la souris*, dit l'impératrice. M. de Warsberg, par contre, pensait que c'était le vaisseau des Phéaciens, changé en pierre par le rancuneux Pôséidon. Et il était indigné de la sacrilège dénomination des modernes Phéaciens. Mais, à ce que je crois, les deux parties étaient passablement satisfaites du nom par elles choisi.

Puis vint encore un coteau prolongé, couvert d'oliviers, qui sortait loin dans la mer, et ce n'est qu'après l'avoir contourné que nous entrâmes dans la baie de Benizze...

De la mer monte très haut une douce pente, mollement duvetée d'oliviers argentés ; au-dessus, de noirs cyprès, esseulés, se dressent comme les mâts d'un navire submergé au-dessus d'une mer scintillante au soleil, et ainsi que les mâts d'un navire submergé ils contemplent la mer vide à leurs pieds, désolément. Mais, sur le sommet, des dernières ondes de feuillage, éblouissant, le blanc *palais d'Achille* surgit.

— Au bout de longues années vous revenez au pays, dit l'impératrice. Je vois comme vous buvez l'air natal.

— Au bout de nuits qui ont duré des années, Madame, le premier matin se lève aujourd'hui enfin. Mais ce n'est pas mon pays d'*autrefois* que je retrouve ici : j'arrive maintenant en un tout autre pays, que jamais je n'ai connu, mais après lequel, sans le savoir, j'ai toujours soupiré.

— Que voulez-vous dire par là ?

— Je veux dire que ce n'est pas seulement le pays où je suis né, mais le pays où je suis devenu moi. C'est la patrie de mon âme qui maintenant me reçoit, parce que maintenant, seulement, et pour la première fois, je suis devenu digne d'elle.

— Alors nous sommes des compatriotes, dit l'impératrice, et dans ses yeux, sous sa paupière frangée, un éclair passa, indescriptible, qui aussitôt s'éteignit. Mais sa bouche se plia en cette familière courbe qui est plus douloureuse que les pleurs. Ce n'est que lorsque nous fûmes descendus à terre que je vis cette ligne de nouveau s'abîmer en sa propre profondeur.

<center>~~~~~~~~~</center>

De mars à avril.

CORFOU

Il faisait déjà clair matin, quand nous abordâmes, mais, toutes les lignes encore se dissimulaient, estompées, sous ces voiles vierges de la nuit qui ne cèdent que lentement aux caresses du soleil. De partout une fraîcheur s'élevait vers la lumière et mon visage se baignait dans les suaves parfums des plantes assoupies et de la terre humide de rosées qui perlaient, encore, au-dessus. La Nuit et un Sommeil sans désir exhalaient leur essence, avant que l'ivresse des épousailles avec la lumière ne commençât. Dans les creux et les ravins, les ombres veloutées sommeillaient encore mollement, si profondément et béatement bleues, comme si, pour le monde, elles n'auraient voulu s'éveiller. En quelle claire jeunesse était ici tout ce que mes yeux rencontraient ! Nouveaux, fabuleux presque les arbres et les rochers familiers m'apparaissaient : les noirs cyprès et les argentines ondes du feuillage des oliviers, et les buissons fleuris d'or, qui pendaient des rouges rochers, boucles blondes dans les flammes, — comme si j'étais tombé dans de l'irréel. D'une autre terre, obscure et vieille, j'abordais ici à un rivage enchanté où une vie plus lumineuse séjournait. Ah ! sûrement, je me trouvais dans une autre dimension de l'existence et de la sensation. N'était-ce pas renaître en quelque *Vie nouvelle* du Dante ? Et c'était ELLE qui m'y introduisait. Elle qu'un navire du sombre lointain avait amenée.

Le canot impérial aborda. L'impératrice descendit sur le blanc môle de marbre, où, ornemental, se dresse un dauphin de pierre. Elle me l'avait montré du vaisseau, en me disant :

— Voyez là-bas, c'est mon philosophe riant qui me recevra le premier.

Devant nous, étendant au loin sa courbe de douce et passionnée langueur, la plage de Benizze s'arrondissait, blanche de galets, et, dans son creux, le village du même nom se tenait entre les orangers et les cyprès, amoureusement. Et la noire forme élancée de l'impératrice s'avançait, glissante, sur le lumineux rivage, vers la porte de fer dentelée grande ouverte qui donnait accès à son *Eldorado*.

Le cortège de la cour et les apparats extérieurs qui, forcément, s'y attachent, restaient, à l'ordinaire, purement extrinsèques et contrastaient toujours (oh, quelle discordance !) le plus prosaïquement du monde avec l'intérieure élévation de la personnalité de l'impératrice ; mais cette fois-ci ils avaient presque une signification symbolique pour l'apparition au-dessus de tout qui foulait la plage tragique. Et elle avançait, toujours, la tête dans la blanche auréole de son ombrelle, et c'était comme si du sol elle était éclose, et que la campagne s'ouvrît devant ses pas, et que tout le pays se creusât, que les arbres dénouassent et arrondissent les tresses de leurs cheveux pour l'enchâsser. A ses côtés je gravissais les blanches marches qui conduisent au temple de Heine. Sa tête royale se mouvait dans les rayons adoucis par l'ombrelle blanche, comme sous une onde claire à travers laquelle la lumière ne passe qu'atténuée. Ainsi, nous allions par une allée de citronniers en fleur. Leur intense parfum, que nul mot ne décrira, doucement, se distillait, à gouttes, dans ma poitrine, de sorte que je dus à plusieurs reprises plus profondément puiser haleine. Je regardai les arbres fleuris, toute cette odorante blancheur dans l'ombre épaisse des feuilles, et mes yeux eurent une béatifique sensation de jeunesse et de bonheur. Quel printemps ! Prodige ! Et moi qui l'avais presque oublié !

— Votre Majesté voit-Elle comme ils se sont parés, les citronniers, pour Lui faire fête ? dis-je.

— Ils ont endossé leurs robes de mariage, répondit-elle en souriant.

— Ah, ce parfum ! Je l'avais tout à fait oublié.

— Cela s'en ira aussi — et les citrons, après, sont fort aigres.

Je me tus, comme pris dans une nuée de choses obscures, dont je savais seulement que c'était un bonheur de s'y abîmer.

Et mes pensées indiscernées, flottantes, s'effeuillaient, muettes, sur ses mains royales comme ces pétales des fleurs blanches qui, sans un souffle de vent, tombaient sur la terre maternelle, silencieusement et sans trêve.

ELLE me fit voir tout le château, pièce par pièce. C'était comme en un conte de fées, ce qu'elle me montrait, et qu'elle me le montrât, ELLE-

même. Ainsi font les bonnes fées pour de jeunes
pâtres égarés.

Le palais est bâti dans la montagne même — la
façade de trois étages, tandis que, du côté opposé,
un étage unique donne sur une vaste terrasse plan-
tée d'arbres séculaires. La façade est tournée vers la
grand'route qui, de Corfou, en passant par le blanc
village de Gasturi et par devant le château, descend
vers Benizze, sur le rivage. Un blanc mur de clôture,
très haut, et l'épais voile de feuilles des oliviers
écartent les regards des curieux.

— Les Anglais sont désespérés, dit l'impératrice,
parce qu'ils restent postés pendant des heures
sur la colline d'en face, sans arriver à rien
voir.

Une large grille de fer, avec, au-dessus, l'ins-
cription : AXIAAEION, s'ouvre sur la route. Une
rampe monte doucement vers le portique en saillie
du château, où d'énormes colonnes supportent
une large véranda de marbre ; sur le parapet de
celle-ci, à chaque coin, se dressent d'aussi mar-
moréens centaures. Le second et le troisième étage
sont bâtis à retrait, ce qui donne place à deux
loggias, à droite et à gauche de la véranda centrale
— la *véranda des centaures*, à laquelle elles se
relient. De leur côté, les élégantes colonnes jumelles

des loggias soutiennent des balcons correspondant à l'étage supérieur. Et sur la balustrade de ces balcons, à chaque coin, des figures de bronze encore, femmes noires parées de bijoux d'or, qui de leurs bras levés tiennent des globes à lumière électrique. Sur toute la longueur du château, du côté tourné vers l'intérieur de l'île, une longue véranda court également, avec vue sur Gasturi et sur Aji–Deka — autre village pittoresque à mi–hauteur du symétrique dôme de montagne qui porte le même nom ; et un Hermès, ailé, le kerykeion dans sa main, semble prêt à s'envoler de l'extrême bord de la balustrade, par-dessus le bois d'oliviers.

Longtemps je me tins là, à contempler le repos de ces lignes.

Lange stand bewundernd der herrliche Dulder Odysseus,

dit l'impératrice, citant un vers d'Homère...

Du portique nous passâmes à l'atrium ouvert : pièce haute et délicieuse de fraîcheur, supportée par des colonnes qui, en leur partie inférieure, sont drapées de velours pourpre ; le long des blancs murs en marbre poli, encore du purpural velours qui, lourd, retombe ; et des glaces aussi hautes et larges que la muraille reflètent la rayonnante ardeur de ces étoffes. Des deux côtés de l'escalier se dressent des vases gigantesques de bronze et de porcelaine, avec des palmiers en éventail, hauts jusqu'au plafond orné de fresques, où sont représentées des danses de nymphes ; de ces vases, encore, d'artistiques fleurs de verre jaillissent qui, chaque soir, exhalent un encens de lumière. A droite et à gauche, de doubles portes, *bien jointes*, selon l'homérique dit, mènent à d'autres pièces : ce sont la salle à manger et la salle de jeu, et ma chambre à moi, qui se trouve là aussi. Une autre petite pièce, à droite, en entrant de l'atrium, est arrangée en chapelle ; sur l'autel, dans une niche, est posée *Notre-Dame de la Garde*, la statue de la patronne marseillaise des marins.

— Je l'ai apportée moi-même de Marseille, dit l'impératrice, c'est la protectrice de tous les gens de mer.

Un escalier de marbre, orné de statues de Vénus, d'Artémis et de beaux adolescents, conduit de la rampe et du jardin d'en bas aux jardins en terrasse d'en haut.

Un péristyle tout en marbre borde l'édifice, qui s'ouvre sur la terrasse. Une longue suite de colonnes en rectangle, supportant le toit, teintes à leur partie inférieure de cinabre, les chapiteaux richement do-

rés et peints en bleu et en rouge. Blanches, elles se
détachent merveilleusement sur le mur pompéien du
fond, vermillonné, semé de grands médaillons à fres-
que où sont représentés des sujets de fables antiques,
Apollon avec Daphné, Thésée et Ariane, Homère
aveugle rhapsode, Ésope le fabuliste et des vues de
paysages odysséens aussi. Contre le mur, toute une
série d'hermès avec des bustes, pour la plupart antiques, de philosophes, de sages et d'orateurs que l'impératrice particulièrement affectionne. A l'autre bout
de la longue aile du péristyle, côté du nord et de la
mer, une figure de marbre s'enlève éblouissante de
blancheur, *Péri*, fée de lumière, qui, sur une aile de
cygne, glisse au-dessus de l'onde, et sur son sein
presse l'enfant-homme endormi. Quand nous passâmes devant la marmoréenne fée, l'impératrice
s'arrêta et resta plongée, pour quelques minutes, en
sa contemplation.

— Je viens la voir tous les jours, dit-elle, à l'aube,
et, le soir, à l'heure du crépuscule.

Devant chaque colonne du péristyle, se tiennent
des muses de marbre aussi, grandeur naturelle, avec,
à leur tête, Apollon Musagète. L'impératrice me
conduisit à chacune d'elles, comme si elle voulait me
présenter.

— La plupart sont des antiques, dit-elle ; je les

ai fait acheter à Rome. Elles appartenaient, avant,
au prince Borghèse ; mais il a fait banqueroute et
alors il a dû aliéner ses dieux. N'est-ce pas que c'est
affreux, qu'aujourd'hui les dieux mêmes sont les
esclaves vénaux de l'argent.

Tout près d'Apollon, dans le cercle des Piérides,
il y a une autre statue, que je reconnus pour la *troisième danseuse* de Canova, et dont on dit, comme
de la *Venus victrix*, qu'elle représente Pauline Borghèse, la sœur favorite de Napoléon.

— J'ai amené aux Muses une nouvelle compa-
gne, dit l'impératrice ; j'espère qu'elles l'auront
bien accueillie. Apollon, tout au moins, la regarde
fort tendrement. Le péristyle est mon nouvel
Olympe.

Des lampes antiques, ampoules plutôt, figurées
de dauphins et de tritons, et avec globes de cristal
en formes de fleurs, descendent de l'architrave, suspendues par des chaînes, entre les colonnes du
péristyle ; une seule marche pour descendre du
péristyle sur la terrasse-jardin.

— Ce jardin a nom *le jardin des Muses*, m'avisa
l'impératrice. Ici, sans nul doute, des poèmes en
foule vous viendront à l'esprit.

Il y avait là des cyprès, vieux de plusieurs siècles,
en une attitude raide, hiératique, et aussi des

magnolias, épanouis alors en géantes fleurs de rêve, et de sauvages oliviers encore, qui, pour la première fois, me révélèrent, si profondément, tout le divin qu'ils incorporent et symbolisent.

— Je les ai laissés là exprès, dit-elle, parce que sur l'Acropole il y avait aussi des oliviers consacrés à Pallas Athéné. Ici ils remplissent une haute mission : ils sont chargés de retenir à leurs sommets tous les rayons de soleil en filets qui glissent si désespérément le long des cyprès.

Au milieu d'heureux parterres, pleins de roses et de hyacinthes qui rendent leurs odorantes âmes en une mort extatique, se trouve une fontaine avec un dauphin lançant un jet d'eau. Et un noir satyre, qui sur ses épaules, à califourchon, porte Dionysos enfant, prête l'oreille à l'eau éloquente. Nous nous avançâmes jusqu'au bord du jardin d'où le penchant montagneux glisse à la mer, sous de frissonnantes vagues de feuillage. Une tente de repos, en étoffe bigarrée à dessins antiques, est dressée ici, sur une saillie de la terrasse, d'où la vue s'étend plus loin que de partout ailleurs. Aux perches de fer qui soutiennent la tente, des harpes éoliennes sont fixées ; mais sous la tente même et s'ajustant au parapet extérieur de la terrasse, il y a un banc de marbre, hémi-circulaire, comme on en voit à Athènes au théâtre de

Dionysos et tel qu'Alma Tadema aime d'en peindre, et, par dessus la blancheur de ce marbre, une bande sombre, couleur lie de vin, un trait dans l'infini au delà de toute compréhension, la mer, qui s'élève très haut à l'horizon, la mer antique, passionnée, effrayante de mystère. Et plus haut encore, les montagnes violettes de l'Albanie se fondent dans la buée du soleil. Des lauriers sont là, tout autour, condensés en taillis, et par eux le caractère pérennel de ce tableau mieux encore s'exprime. Dans cette solaire clarté, reposant sur le classique banc de marbre, la royale forme noire me fut émouvante, car elle m'apparut comme l'âme de la Grèce antique, qui, en deuil de la beauté perdue, fût venue la chercher ici, sur ce rivage tragique et sacré, devant ce banc aux formes d'*autrefois*, tristement délaissé. Plus loin, deux autres terrasses, descendent du péristyle vers le nord et vers la mer. A leur extrémité, tout au bout, un point blanc resplendit.

— C'est l'*Achille mourant*, dit l'impératrice, auquel j'ai consacré mon palais, parce qu'il personnifie pour moi l'âme grecque et la beauté de la Terre et des Hommes. Je l'aime aussi parce qu'il était si rapide à la course. Il était fort et altier et il a méprisé tous les rois et toutes les traditions, et compté les foules humaines pour rien, bonnes seulement à être fauchées par la mort comme des épis. Il n'a tenu pour sacré que sa propre volonté et n'a vécu que pour ses rêves, et sa tristesse lui était plus précieuse que la vie entière.

De la terrasse du péristyle qu'une balustrade clôt, nous descendîmes, de quelques marches, sur une seconde terrasse. A droite et à gauche de ces gradins, sur des socles, se tiennent, les deux célèbres *athlètes cestiphores* du musée de Naples, en bronze noir, l'on eût dit sur le point de se précipiter l'un sur l'autre. Sur cette seconde terrasse, au milieu des roses, un Hermès assis repose (une copie du bronze d'Herculanum). Plus loin, un autre double escalier, semi-circulaire, de marbre mène à une troisième terrasse, *la terrasse d'Achille*.

— Voilà mes jardins suspendus, dit-elle. Je ne crois pas que ceux de Sémiramis fussent plus prodigieux ; mais ce n'est pas à moi le mérite, s'ils sont si beaux.

Au-dessous du dernier escalier des grottes à stalactites se creusent, artificielles, dont l'entrée est masquée par des fougères. Une viride et crépusculaire clarté jaillit du fond, où l'on a disposé des glaces ; et, ainsi, c'est comme si ces cavernes se prolongeaient sous des masses d'eaux vertes à l'infini. Et une source, avec assoupissement et musique, ruisselle d'en haut, le long d'une paroi de roche, revêtue de cette fougère délicate que l'on appelle *chevelure de Vénus*.

— C'est ma nouvelle grotte de Calypso, dit l'impératrice. Mais il s'en faut qu'elle soit aussi dangereuse que celle de ma devancière. Avec le temps tout perd de son effet.

D'ombreuses allées couvertes de plantes grimpantes, alors en pleine floraison, s'allongent de chaque côté de la statue d'*Achille mourant*. Des nymphes sylvestres et un faune ivre, bronzes patinés, s'enlèvent dans le fouillis de verdure en une douce harmonie de nuances.

Des collines d'oliviers, encore, descendent en pente de l'extrémité des terrasses vers la baie profonde, l'ainsi dite *mer de Chalkiopoulos*. Et on aperçoit, d'ici, *l'île des morts* de Böcklin, ce faisceau de hauts cyprès noirs, enserrant un blanc ermitage, au-dessus du miroir des eaux.

— Nous irons souvent là-bas, me dit l'impératrice. Il y a là un passeur qui ressemble tout à fait à Charon. Dans sa barque à rames je me fais passer à l'île, comme une âme en langueur. Quand je descends sur le rivage, il détache aussitôt sa barque sans mot dire. Je monte et je reste également silencieuse. Dans l'île, l'ermite vient me recevoir. Il

m'offre du miel et des amandes, pour que j'y goûte
et que j'oublie la Terre.

Puis nous revînmes par les jardins au château.
Du péristyle l'impératrice passa directement dans
ses appartements. Dans ces pièces elle a mis toute
son âme. Elles sont la chose la plus exquisement
poétique que l'on puisse imaginer et que l'on rêve-
rait de trouver en cet endroit.

— J'ai tout arrangé moi-même, dit-elle, et moi-
même choisi chaque objet. C'est pourquoi je me sens
moins étrangère ici qu'à Vienne.

« Il y a une grande différence, pensai-je à part
moi, entre ces appartements et les salles fastueuses
de la Burg de Vienne où tout évoque une idée et
rien un sentiment. » Ici, en ce *home*, qu'elle a créé
elle-même de fond en comble et où elle veut être
exclusivement elle-même, les traits de sa sublime
entité se dégagent d'autant plus clairement. De
chaque coin de ces pièces de chantantes tristesses
rayonnent. Partout des teintes fines et rares, des
nuances sans nom, semblables à des parfums qui
expirent, des ors ternis d'autrefois oubliés, des
lumières qui pâlissent. Tel dut être le gynécée de
Pénélope ou d'Hélène, si ces nobles femmes avaient
conscience de la magnificence de leurs rêves. Il y
avait là des sièges *bien façonnés*, comme celui

qu'Adraste offrit à Hélène, incrustés d'argent et d'ivoire, recouverts d'une épaisse toison de mouton. Des escabeaux gracieusement dressés sur leurs pieds, de hauts coffres pareils à ceux où Pénélope serrait ses *robes odorantes*. A une palme seulement au-dessus du sol, dans la chambre à coucher, s'élève le large lit grec *travaillé en perfection*, comme celui qu'Ulysse tailla dans la souche de l'olivier ; aux montants à luisantes colonnes, des nymphes s'enlacent, comme pour soutenir le coussin *qu'entourent les rêves*. Une couverture de soie est jetée sur le lit : c'est ainsi qu'Hélène aux bras de lis ordonna à ses servantes de préparer la couche de Télémaque. A côté du lit, se trouve un prie-Dieu de bois, et, au-dessus, une icone byzantine en argent de la Vierge. Aux murs, des tableaux de coloris clair : Valérie, la fille de son cœur préférée, une symphonie en rose, s'évaporant en un nuage de fleurs d'amandier. Des superbes vases, de cet antique verre bleu dont on retrouve des morceaux dans les vieux tombeaux, auprès des morts. Les fleurs, qui partout répandent l'encens de leurs mystères, leur charme délicat et périssable, sont disposées de telle sorte qu'elles semblent presque organisées ici pour une vie nouvelle : dans ces salles, on sent vibrer les âmes d'exquises créatures végétales ; c'est comme

si, sur l'ordre d'une fée des fleurs, elles étaient
accourues en pèlerinage, de tous les prés et de tous
les jardins, pour s'enivrer de son souffle et pour
exhaler ses désirs. Du plafond, des ampoules de
bronze pendent, en forme de fleurs ou de coquilles
que des tritons et des nymphes enlacent. Et l'on
songe aux intérieurs des tableaux de Burne-Jones,
sensitifs et raffinés jusqu'à la souffrance. Que tous
ces objets sont riches, et, en même temps, si
délicats, si ravis au-dessus de la terre, comme
aperçus en une autre région et formés d'une matière
incorporelle. Mais il y a encore ici quelque chose
de plus que ce que l'on trouve dans des œuvres
d'art : c'est l'inexorable cruauté d'un destin antique ;
le noir soleil qui, glacial, arde où ELLE a versé sur
cette ambiance, aussi, l'ombre de ses rayons. Et elle
est la synthèse de tous ces éléments qu'elle incor-
pore, qu'elle éveille à une existence propre, et qu'elle
épanche ensuite hors d'elle-même. — Telle, elle me
conduisait à travers ces salles, toutes plus magnifiques l'une que l'autre, toutes comme surgies d'une
fantasmagorie, moins splendides par leur faste, que
délicieuses par l'atmosphère psychique qui les
emplissait.

Au second étage sont situés les appartements
destinés à l'empereur, et ceux de l'archiduchesse

Valérie et de son mari l'archiduc Franz Salvator.

— C'est dommage, dit l'impératrice, que mon gendre ne veuille pas venir ici, bien que je lui aie fait espérer les plus belles chasses au sanglier, dans les montagnes albanaises. Une fois, seulement il est venu, en printemps, mais il a déclaré qu'on ne l'y reverrait plus. Il préfère la *Haute-Autriche* ; il déteste les oliviers et la mer, et l'archiduchesse Valérie, qui aime beaucoup son mari, a, par conséquent, les mêmes préférences que son mari.

Et la voix de l'impératrice, à ces mots, sonna tel un glas, douloureusement.

— Mon testament lègue l'*Achilleion* à l'archiduchesse ; mais elle aura probablement une nombreuse famille, aussi vaudra-t-il mieux que je le vende et que ses enfants en touchent l'argent. Je vendrai du même coup mon argenterie particulière, marquée de mon dauphin : peut-être qu'un Américain en voudra. J'ai en Amérique un agent pour cette vente, qui m'a donné ce conseil.

Ainsi parlait celle qui se détourne des hommes, qui incarne la contemplation et la rêverie supraterrestres. C'est comme si, parfois, elle voulait se contraindre à être une femme quelconque et raisonnable, songeant à des choses pratiques et triviales, et faisant d'elles le sujet de sa conversation. Elle s'y essaye et, cependant, elle communique à ces choses-là, vulgaires et périssables, dès qu'elle les aborde, un éclat d'éternité.

Du péristyle, par une double porte à deux battants, antique et d'airain, et des appartements, par des portes de chêne, on sort sur l'escalier. La cage de l'escalier est de style gréco-pompéien. Des satyres et des cariatides en stuc supportent les corniches et les paliers. La rampe est en bronze, figurant des rameaux d'olivier et de laurier entrelacés, entre lesquels se dressent des cariatides encore. La lumière tombe d'en haut, par un toit vitré, et éclaire à plein la colossale peinture murale qui occupe tout le mur transversal ; que l'on descende, ou que l'on monte l'escalier, le regard est pris par cette peinture : c'est le *Triomphe d'Achille*, traînant autour des murs de Troie le cadavre d'Hector. Devant ce tableau, après tout ce qu'on vient de voir, l'on s'imagine, que le monde de la beauté est ressuscité avec Achille, sa personnification. L'escalier conduit en bas, au premier étage, et de là à l'atrium ; on passe devant un superbe vase sur piédestal, qui représente une grotte de coquillages avec, dedans, une nymphe, entourée de tritons et de naïades, qui se tiennent enlacés, le tout surgissant des vagues.

Après m'avoir montré tout le château, l'impératrice dit :

— Nous passerons aussi peu que possible notre temps à la maison. Il ne faut pas consumer les précieuses heures de la vie entre les murs qu'autant qu'il est indispensable, et nos logis doivent être tels qu'ils ne puissent jamais détruire les illusions que, chaque fois, du dehors, nous y rapportons.

Chaque jour, vers l'heure de midi, quand l'air, enivré de soleil, met une vermeille auréole autour de chaque objet, sertit de pourpre chaque ligne, et que tout est plongé comme dans une extatique rêverie, l'impératrice quitte son palais. Et dès que nous franchissons la grille, à droite et à gauche de la grand'route, qui, par le village de Gasturi, mène à la ville de Corfou, ce sont les bois d'oliviers qui nous enveloppent. Quelle paix règne ici, l'éthéenne ! Quelle lumineuse obscurité ! Le soleil pénètre le feuillage argentin, fin, comme duveté, et toujours frémissant, sans réchauffer ni, à vrai dire, éclairer. De même qu'au fond de la mer les rayons de lumière tombent, amortis dans les flots verts, ainsi en est-il dans ces vieilles forêts grecques d'oliviers, si vieilles qu'elles n'ont plus d'âge, obstinées à vivre tout près de l'antique mer, la mer au bleu trop bleu, splendide et épouvantable. Quelle puissance animée en ces troncs, qui à nos yeux apparaissent non pas droits et rigides comme dans les forêts du Nord, mais noueux et tordus, déchiquetés ou silencieusement penchés en avant et étendant des bras ouverts, toujours animés d'une vie intérieure ; et quoique ces torses soient fort éloignés les uns des autres, les faîtes font ruisseler ensemble leurs chevelures de feuillage.

Ainsi l'on est contraint, presque, à s'émouvoir de leurs sentiments si passionnément exprimés, on se sent avec eux une affinité, l'on apprend à croire aux contes d'arbres ensorcelés.

— Comme on se sent riche et en sécurité dans cette forêt si claire en son obscurité et si peuplée en sa solitude, dit l'impératrice, la première fois que nous y entrâmes.

Autour des arbres, la terre est soulevée en mottes grossières. Le sol tombe et se relève en gradins qui, souvent, sont bordés de pierres. Et partout s'étend un vert tapis de gazon. Dans les clairières, nouvellement recouvertes d'herbages délicats, de hautes touffes d'asphodèles rosés, des crocus et des hyacinthes innombrables fleurissent.

Oh ! les secrets des prairies solitaires !

Puis il y a de vastes surfaces, toutes blanches de pâles pâquerettes et de camomilles aux cœurs dorés.

— Je ne sais pourquoi ces étoiles filtrent en ma poitrine tant de printemps et de lumière, dit tout bas l'impératrice, alors que nous foulions une de ces nappes fleuries.

Plus loin, on tombe dans des champs pleins d'anémones — les anémones qui sont nées du sang d'Adonis — et dans des mares de coquelicots, plus rouges encore que le sang : comme des lèvres brûlantes, et sans paroles, leurs pétales s'ouvrent et doucement s'agitent au souffle du sommeil, consumés en des flammes d'extase.

Des moutons paissaient en se mouvant lentement sous les oliviers. Un jeune berger, jambes nues, était accroupi sur un de ces petits murs de pierres amoncelées qui bordent les terrasses de terrain, et mangeait un morceau de pain, avec des olives noires qu'il venait de ramasser. Quand nous passâmes devant lui, il salua sans se lever d'un « bonjour, Reine », et mordit, de ses dents blanches, une grosse demi-lune dans son pain de maïs couleur de safran. Et l'impératrice, souriante, répondit en imitant la chantante cadence de la voix corfiote:

— Καλὴ μέρα σου (bonjour à toi) !

Quand nous fûmes plus loin, des sons aigus d'une flûte de berger retentirent derrière nous. Je me retournai et vis le petit berger souffler dans son roseau, en remuant les doigts avec une passionnée lenteur : c'étaient quelques sons aigres et grêles, qui montaient en l'air et erraient tristement entre les arbres, jusqu'à ce que, de fatigue, ils retombassent sur eux-mêmes; et, de nouveau, ils vacillaient en pâles soupirs, vers les lointains, entre les oliviers, du côté des claires perspectives d'où l'on pouvait découvrir la mer. Et l'on n'entendait plus les abeilles, qui, tout à l'heure, bourdonnaient au-dessus des fleurs dans le clair-obscur, ni les oiseaux qui, un moment auparavant, gazouillaient tous ensemble et à pleines gorges : rien plus que la voix de la rustique flûte, qui pénétrait partout, s'exaspérant en cris de douleur, et, alors, c'était comme si des voiles de rêve et d'oubli en fussent déchirés.

Alors, à entendre cette flûte gémir, l'impératrice s'écria :

— Quelle tristesse et quelle langueur dans ces

sons ! Les hommes d'autrefois ont mis là-dedans tout ce qui a jamais fleuri dans leurs cœurs ; et c'est pourquoi on perçoit en ces quelques sons toutes les amertunes et toutes les félicités imaginables de l'ancienne et de la nouvelle humanité, à la fois.

Puis, exprimant presque mes propres pensées tout haut, elle dit encore :

— L'art, certes, ne créera jamais un chef-d'œuvre plus grand que la chanson du berger ; l'art n'est que le reflet de la vie intérieure, tandis que ces pauvres sanglots de flûte sont la vie profonde elle-même.

Et je poursuivis, à part moi, sa pensée : « Par ces mêmes sons, les faunes ont attiré les nymphes, au temps du grand Pan, alors que le sein de la nature maternelle et mystérieuse s'ouvrait à une effrayante volupté, — et le berger Kurwenal tira les mêmes sons de son roseau, tant que la voile d'Iseult à l'horizon n'eût resplendit.

Paléocastrizza, le 20 mars.

Marché, aujourd'hui, pendant une grande partie de la journée, à travers l'île, jusqu'à la côte occidentale où il y a un très vieux monastère, il est bâti presque dans la mer, sur un rocheux et abrupt promontoire, qui ne tient à l'île même que par une étroite bande de terre. *Paléocastrizza* (c'est son nom) signifie : *Celle* (la Vierge) *du vieux château.* Sur une crête de granits, derrière la falaise du couvent et dominant celui-ci, se dressent, comme désespérément penchées sur la mer, les ruines d'un vieux château fort des despotes byzantins de l'Epire : *Angelokastron* (le château des Angeli). Et ces ruines font l'effet de planer dans les airs.

Quand nos yeux les découvrirent, je dis à l'impératrice :

— Des galeries et des tourelles de ce château, Majesté, d'infortunées princesses ont, durant des années, exhalé leurs soupirs par-dessus la mer d'occident...

— M. de Warsberg, au contraire, à l'aspect de ces ruines, rêvait d'un *château des anges,* dit l'impératrice en souriant. Autant de *seigneurs de la création* — autant de romances...

Et nous voilà rentrés, de nouveau, dans le bois d'oliviers. Dès que l'on quitte les grandes routes, on revient toujours sous les oliviers sacrés, qui poussent comme il y a des milliers d'années, toujours sur la même glèbe aimée, toujours dans le voisinage de la mer haletante. Cheminé longtemps, — une heure, quatre heures, je ne sais ; durant nos promenades, je n'ai jamais eu la moindre notion du temps. Il y a un charme très indicible à errer ainsi, pendant des heures, dans ce demi-jour chaud et frémissant, entre ces troncs d'arbres tordus et comme agités par la pensée, sur le gazon parsemé d'innombrables marguerites qui se tiennent toutes ensemble, pareilles à des îles de jeunes ravissements au milieu de la sombre mer de la vie, où de temps à autre de jaunes taches de soleil mettent comme un déchaînement d'allégresse. Ce sentiment du voisinage immédiat du soleil, aux regards duquel, même se trouvant dans l'ombre la plus frileuse du bois, on ne se dérobe jamais complètement, rend heureux. Quelle différence entre cette forêt et celle où Dante pénétra, à mi-chemin de la vie !

> *Eh quanto a dir qual era è cosa dura*
> *Questa selva selvaggia aspra e forte,*
> *Che nel pensier rinnuova la paura !* *

Ici, il n'y avait ni crainte ni peur. Comme en réponse aux vers de Dante, des essaims de papillons blancs et jaunes et bleus et couleur de feu tour-

(*)   C'est chose dure de dire quelle était
Cette forêt sauvage âpre et forte,
Car la pensée en renouvelle la crainte.

billonnaient de temps à autre devant nous, d'un coup d'ailes muet et effréné, comme dans le vertige d'une trop forte joie, passant d'une île de fleurs à une autre île de fleurs, attendus partout avec délices, en des abandons d'extase. Et partout des moutons paissant, et des bergers, et des femmes qui font la cueillette des olives, troussées comme les femmes du temps d'Homère, avec des voiles blancs attachés autour de la tête et des cheveux noirs artistement tressés en couronnes ; elles réunissent, en gros tas, sous les arbres, les olives tombées. Et les voilà qui tout d'un coup, tout inopinément, elles commencent à chanter toutes en chœur, chacune du pied de l'arbre où elle se trouve ; et les sons liquides flottent, et ils fondent en ondes, pour ensuite déborder en un lac de claire mélodie. Qu'il est vieux ce chant, et monotone et triste, comme la première grisaille de l'aube ! Mais les arbres semblent s'y être habitués depuis le temps du grand Pan, d'alors qu'ils l'entendaient de la bouche des nymphes mêmes ; et cela évoque aussi étrangement les chants liturgiques de l'Eglise grecque, qui, du reste, ne sont autre chose que ces vieux et païens Péans à la glorification de la source de notre vie. De pareils sons primordiaux agissent souvent comme une révélation d'impénétrables mystères, comme s'ils ouvraient un chemin dans les domaines cachés de notre être : je devinais cet abîme de la vie, où se rencontrent langueur, tristesse et joie, et d'où l'essence de notre nature, traduite en un langage intérieur, monte en un chant immortel.

De toutes ces choses, des vagues de félicité s'épandaient sur nous ; mais elles se brisaient contre sa forme noire. Rien ne saurait égaler en désolation la discordance de sa sombre apparition au milieu de ces claires et printanières joies. J'ai souvent, en pareil cas, le sentiment qu'elle ne voyage si désespérément que pour s'évader de l'atmosphère qui l'enserre : sans doute elle croit en céder quelque peu aux choses, et recevoir d'elles du parfum et de la lumière, en échange.

Quand les femmes ne chantaient pas, on entendait le sifflement des merles et des mésanges résonner par la forêt.

— Que toutes ces choses, les oiseaux, les femmes et les arbres, sont instinctives et libres ! dis-je à l'impératrice. Que si ces femmes ou les oiseaux chantent, c'est tout un : sans trop savoir pourquoi, les unes et les autres le font ainsi, parce qu'il en doit être ainsi, et leur chant vient d'une vivante profondeur (de même naissent du sang d'Adonis le crocus et l'anémone)... Ce sont des hérauts qui annoncent une chose exquise, et qui, tous, disent la même chose. Alors je crois de plus en plus aux contes où les oiseaux parlent si sensément et prédisent aux hommes leur destinée.

Et l'impératrice, en réponse, avec, dans ses yeux, la lueur d'un sourire :

— *Hei, Siegfried erschlug nun den schlimmen Zwerg...*
Lustig im Leid sing' ich von Liebe,
Wonnig im Weh' web ich mein Lied,
Nur Sehnende kennen den Sinn (*)...

— Votre Majesté ne croit-Elle pas, dis-je, que le chant est naturel aux hommes, comme aux pins de la forêt, et aux vagues de la mer ?

Quand j'ai entendu la Patti, la Nilsson et la Lucca, j'en ai eu l'impression que nous autres, nous avons perdu ce que tous les êtres dans le monde possèdent encore. Nous avons désappris de chanter, comme on peut aussi désapprendre de sourire.

— Je le crois aussi, Majesté. Toutes les choses ont l'euphonie en soi, comme un élément de leur

(*) Hé, Siegfried a tué le nain méchant...
Gai dans ma peine je chante l'amour,
En ma douleur, de délices je tisse mon chant,
Ceux qui désirent, seuls, en connaissent le sens...

nature, et même plus : elle est l'essence de leur
entité. Mais il y a aussi une intérieure mélodie, Majesté, que l'ouïe ne perçoit guère. Ne pourrait-on
dire que les lignes du corps humain chantent, elles
aussi ? De tout notre être, le chant monte, comme
un encens, vers l'âme de soleil éternelle.

— Mais nous avons perdu la sérénité des lignes.
La vie projette de sinistres ombres, et, derrière elles,
souffle, pérennel, un grand vent de détresse.

Je dis :

— Baudelaire a deviné Votre Majesté, quand il a
écrit :

> *Je hais le mouvement qui déplace les lignes,*
> *Et jamais je ne ris et jamais je ne pleure.*

— Il avait bien raison, répondit-elle. Le rire et les
pleurs sont comme des cendres, sous lesquelles
étouffe le brasier de notre âme...

Soudain, à travers le feuillage tremblant des
rameaux d'olivier, nous devinâmes une lueur, plus
délicieuse encore que l'azur de l'éther, ou que
l'ivresse du soleil dans les arbres : la mer ! — l'autre
mer, celle de l'occident, que l'on n'aperçoit pas du
côté phéacien de l'île, mais dont le voisinage est
sensible, toujours. Bientôt, sur la hauteur, on l'a
devant soi, étendue au loin, et vide jusqu'au bout

du ciel, très invraisemblablement bleue, plus bleue
que le bleu ciel, plus bleue que toute idée de bleu,
et plus heureuse que toute félicité.

— Ne parlons pas ici, il nous faut être aux
écoutes, dit l'impératrice.

Alors, nous prêtons l'oreille à une sorte de
symphonie qui nous baigne, et aux doux accords
qui, en notre âme, lui répondent.

La mer ici flamboie, comme en un foyer d'incan-
descence de sa passion, pareille à du métal blanc en
fusion, mais tout autour de cet aveuglant incendie,
et plus loin encore, aussi loin que l'œil peut arriver,
il y a, épandue, inconcevable, cette immense désolation bleue qui recèle en soi tant de volupté. Et
des rochers, d'en haut, s'écroulent, comme pour
accomplir un destin tragique, et d'autres blocs de
granit se poussent dans l'abîme, les uns sur les
autres, forment de petites falaises sinistres, de rigides
mornes de désolation, se précipitent en promon-
toires affolés, étouffent leur sauvage ardeur dans la
limpide fraîcheur des flots. Tout ici est agité d'un
vertige ménadique, bouleversé par une rage de
désirs sans nom et sans limites. Et une lumière
de fantasmagorie, rose et dorée, s'entremêle, sur
toute l'étendue de cette chaotique rive, avec de
violentes ombres violettes qui gisent, vibrantes,

presque comme des êtres corporels, qui ont une attirance mystérieuse ; et le lumineux éclat, et les ombres de mystère se fondent ensemble en un chant velouté et couleur d'hortensia, en un chant d'apothéose.

— Quel contraste avec l'autre rive ! dit l'impératrice ; là-bas rien ne veut s'éveiller de son assoupissement.

— Là-bas habitent les bienheureux Phéaciens, dis-je, mais ici Pan est chez lui.

— Et voilà que nous apportons ici une dissonance, nous mesquins, dit-elle. Et cependant tout cela appartient à notre âme, ajouta-t-elle, et convient à notre esprit : cette mer, toute, immense, silencieuse ou passionnée — mais il est des heures où cette mer même tarit tout à fait.

Entre les rochers sombres d'étroites petites baies s'ouvraient, qui, se chauffaient au soleil, lumineuses et paisibles. Ici la mer reposait, la grande insatiable, celle qui avait rongé ces granits géants, et qui caressait maintenant leurs seins de pierre roses ; et elle s'insinuait dans ces trous de pierre et de sable et se retirait, de nouveau, en petites vagues sautillantes qui se retournaient dans chaque coin et faisaient des bonds capricieux, qui glissaient partout, baisers sur une figure aimée, qui, en un allègre et tendre

gazouillement, se chuchotaient des choses inouïes
et délicieusement troublantes. Une irrésistible et
presque douloureuse fascination émanait de ces
conques mystiques de volupté, sur lesquelles le
grand midi couvait. Dans ces secrets brasiers, les
pierres sombres et roses tombaient toujours de nouveau, victimes de leur implacable ennemie et per-
sécutrice. Au fond de l'eau, il y avait des assombris-
sements qui étaient des algues, souples cheveux de
verdure, qui flottaient, qui se berçaient mollement,
et fluctuaient, en languides convulsions comme en
des rêves de luxure, et jouaient avec les rayons du
soleil qu'ils avaient saisis. Et le chemin descendit
vers la grève. Alors nous voilà, au niveau des flots,
foulant un gravier fin et humide, les ronds galets,
chauds et d'une aveuglante blancheur, les couches
épaisses et argentées de varech desséché. D'ici vue,
la mer était tout autre : c'était un serein et pur front
d'où une main aimante avait chassé tout souci et
tout désir, et elle respirait tout doucement, cette mer
de bonheur, et son haleine était la joie elle-même.
Aussi elle était d'une autre couleur, toute en nacre
vert clair, et les vagues qui, de temps en temps,
essayaient de mouiller nos pieds, étaient comme un
frais rire d'enfants lutins. Et pas une voile en vue —
c'était la mer toute seule, pour soi, avec son haleine.

Soudain nous aperçûmes le couvent devant nous, haut perché sur un cap.

Le couvent : un assemblage de vieux petits bâtiments les uns aux autres collés, enchevêtrés, sous une couche uniforme de crépi blanc et dominés par une coupole à tuiles, toute petite et ronde, une toute petite cour pavée, une toute petite église byzantine au fond de celle-ci, et sa porte grande ouverte. Deux moines se trouvaient dans la cour. L'un était assis sur une corniche de pierre, maçonnée autour du tronc d'un vieil olivier ; il tenait une écuelle d'argile sur ses genoux et épluchait des lentilles. L'autre allait vers la basilique à pas lents et inégaux, balançant un balai dans sa main.

Tout autour de la cour, d'autres petits bâtiments s'entassaient, échaffaudés les uns sur les autres, des greniers et des granges avec les cellules des moines qui s'ouvaient sur une petite galerie de bois pourri. Un escalier branlant y conduisait. Et tout cela était si vieux, si vieux, si abîmé en soi-même, dans son immense abandon ! Mais en cette caducité et en cet isolement, aussi, l'éternité de ces choses gisait, et par cela même elles donnaient une notion plus intense de la pérennité des sentiments, dont elles étaient l'expression, que les plus puissants monuments de l'architecture ecclésiastique. L'impératrice entra dans l'église, derrière le moine qui tenait le balai. Tout au fond, il y avait une vieille iconostase de bois, dont les dorures étaient toutes noircies. Devant les saintes icones rembrunies, dont on ne discernait plus que des yeux blancs au milieu des plats d'or des auréoles, brûlaient, dans des lampes d'argent suspendues à des chaînes, de petites flammes de veilleuses, rouges et vertes, tendrement atténuées et rêveuses, clignant, en un cristallin délice, de l'œil et s'affaissant sur elles-mêmes, de langueur, pour, de nouveau, se relever en une fluide désolation. Cela sentait les cierges de cire de miel, éteints, le vieux bois vermoulu, la poussière et la pourriture. Nulle part et jamais l'on n'aurait eu si fortement l'impression d'être transporté en arrière dans le passé de l'âme. D'une lucarne sous la coupole, un jet de clair et vibrant soleil tombait, obliquement, sur une stalle de bois sculpté, tout polie par l'usage ; et elle ne voulait pas s'évanouir cette gerbe de lumière : c'était comme si avec émerveillement elle eût plongé dans les mystères d'un monde insoupçonné et incompréhensible. Qu'il était loin ce passé qui rayonnait de toutes ces choses, et, pourtant, qu'il était présent ! L'impératrice alluma de sa main deux petits cierges devant la Mère de Dieu. Nos pas retentissaient sur les dalles comme des pas d'intrus. Il semblait que ce bruit tombât du haut de la silencieuse coupole. Nous ressortîmes dans la cour. Là aussi, un silence inouï pesait, comme si toutes ces choses qui se tenaient autour, immobiles, fussent expirées, depuis mille ans, de leur désolation. Soudain, un frais souffle de vent vint de la montagne aux ruines, et remplit la cour du couvent d'un encens de sauge et de thym. Le moine à l'écuelle de lentilles avait disparu de sa corniche. Et voilà justement qu'il revenait à notre rencontre avec un autre qui, apparemment, était le prieur. Celui-ci offrit à l'impératrice de prendre quelques rafraîchissements. Avant même qu'elle n'eût pu répondre, le moine s'éloigna, et bientôt, réapparut avec un plateau où il y avait de la con-fiture de coing. Le prieur, cependant, tenait dans ses mains son haut bonnet de feutre noir. L'impé-ratrice le pria de se couvrir. Elle lui demanda s'il était content ici.

— Dieu soit loué, dit-il, en caressant sa blanche barbe. Nous vivons comme cela vient et comme il plaît à Dieu. Que faut-il de plus à l'homme pour louer Dieu. Gloire à *Sa Grâce* ! (*)

— Allez-vous souvent en ville ?

(*) *Sa Grâce :* c'est la Très sainte Vierge.

— Si fait ! ô très splendide Reine. On est bien obligé de se rendre de temps en temps à la ville, pour faire des achats. Nous restons des hommes, et le corps a froid et a faim. Mais que ferions-nous, nous autres, à la ville ? Je ne dis pas que cela n'est pas beau là-bas dans le *grand pays*, mais ici il fait bon aussi, et mieux encore.

— Et je vous dis, répondit l'impératrice, que vous avez choisi la meilleure part.

Puis elle goûta aux rafraîchissements et but un verre d'eau, d'un seul trait. Sur quoi elle demanda au prieur :

— Où prenez-vous cette eau ? Elle est bien bonne et très fraîche. Vient-elle d'une source ou du puits ?

— Elle ne vient pas du puits, Votre Royauté. D'habitude nous buvons de l'eau du puits en été, mais aujourd'hui nous en avons justement fait chercher à la source, à un quart d'heure d'ici, dans la forêt.

— Est-ce la seule source aux environs ?

— La seule, Votre Royauté. Elle est tout à fait cachée ; on l'entend, mais on ne la voit point. Il n'y a que les oiseaux qui viennent y boire.

— Ne pouvez-vous pas m'indiquer où elle se trouve ?

— Certes, certes. Le frère Basilius accompagnera votre Royauté.

— J'irai une autre fois, dit l'impératrice, et alors je vous prierai de m'y faire conduire. Je dois bien une visite de remerciement à la source, puisque son eau était si bonne.

Puis elle tendit au prieur un présent considérable pour son église ; il le reçut avec des bénédictions. Lui et les deux autres moines accompagnèrent l'impératrice jusqu'à la porte. Je me retournai encore une fois, et vis les moines sur le seuil de leur silencieuse demeure, au moment où, en y rentrant, ils allaient disparaître à nos regards. Alors, sur leurs visages, je crus saisir une lueur, et il me sembla que leurs traits se contractaient comme si leurs yeux fussent éblouis, bien qu'il n'y eût plus là de soleil.

Le soir approchait quand nous revînmes à la maison. La mer, un immense ravissement rosé, comme si elle eût été semée de feuilles de roses ! Et quel enchantement de couleurs sur les montagnes solitaires du lointain ! En bas, des violettes et de nocturnes iris ; aux sommets, un ineffable sourire vermeil, tel un parfum en soi-même incandescent ; et, pour fond, une autre mer de soie vert pâle, plus lumineuse, plus exquise encore que la vraie mer... Dans le bois d'oliviers la lumière déjà se mourait. L'heure magique du crépuscule s'affaissait lentement sur les forêts, qu'elle enveloppait de ses bleus voiles de fantasmagorie ; mais sous les faîtes des arbres il faisait nuit, comme au fond de la mer.

— Ce silence, cette suspension de toute vie, enivrent. Quelque chose en nous s'embrase, tandis que tout s'éteint autour de nous, dit l'impératrice.

Nous passâmes devant une hutte, située un peu à l'écart d'une petite ferme, au milieu de grands arbres dont les troncs noirs se dressaient dans l'air comme des fantômes. Une faible lueur tombait d'une porte ouverte dans la forêt assombrie. Soudain un cri, un seul cri strident et prolongé, trancha l'air, — un cri qui ne se pouvait comparer à rien, qui surpassait toute terreur en épouvante, toute épée en tranchant ; et il se cassa, mais l'air en vibra. Puis il jaillit de nouveau, et avec lui tout un chœur de sons gémissants, tous sur le même ton, longuement soutenus et plaintifs, — et qui soudain, en même temps, s'affaissèrent, se déchirèrent en deux, de haut en bas, comme des morceaux de toile et s'évanouirent.

C'était une lamentation de plusieurs femmes, et elle venait de la hutte éclairée... Une pause — puis la complainte reprit, de nouveau, plus puissante, pour se rompre une fois encore. Cette pause était comme la suspension passagère du souffle tempétueux de la mer. Un furibond déferlement musical. Le bois entier s'emplissait de ce mugissement, qui se heurtait et se brisait contre les troncs des arbres. Et au-dessus dè ce flot sauvage, mais indiciblement suave, qui montait et baissait comme la mer, monotone, avec ses quelques notes toujours les mêmes, s'élevait de temps en temps, tel un récif aigu que les vagues parfois recouvrent et qui pourtant ne disparaît jamais d'au milieu d'elles, une voix unique, cette voix qui à rien ne pouvait se comparer, qui surpassait toute terreur en épouvante et toute épée en tranchant ; devant elle toutes les autres voix cédaient, s'épuisant contre son âpre impétuosité, et lorsque, restée seule, telle une âme en peine, elle se déchirait, les arbres tous frissonnaient ; mais ensuite, de nouveau, les autres voix survenaient, en roulant leurs vagues, comme pour se lamenter sur la voix unique, solitaire, inaccessible.

— Qu'est-ce que c'est ? Qu'est-ce que c'est ? demanda l'impératrice, dès que le premier son eût atteint son oreille, sur un ton d'épouvante, et d'une voix que je ne lui connaissais pas. Allez, voyez ce qui est arrivé.

En moi aussi, il y eut quelque chose de glacé, subitement. Je m'avançai vers la maison jusque dans la traînée de la lumière et jetai un regard dans l'intérieur ! Une pièce étouffée, avec un fond de ténèbres. En avant, sur le sol de terre battue, plusieurs femmes étaient accroupies en cercle. Une archaïque ampoule à huile, dont la flamme étouffait dans sa propre fumée, jetait sur leurs visages des taches d'une lueur rouge sombre, que dévoraient des langues d'ombre avidement dardées, sans cesse. Dans le fond, quelque chose de blanc gisait, étendu tout du long sur un lit. Une vieille femme, ses cheveux gris en désordre, était affaissée au milieu du cercle que formaient les autres femmes, et criait de toute la force de ses poumons, se cassant en deux, battant son visage contre la terre, lacérant ses joues de ses ongles ; dans ce hurlement on saisissait des fragments de mots broyés, roulant comme des cailloux... Lorsque sa voix atteignait au paroxysme, elle s'interrompait tout à coup, comme si elle n'avait aucune raison de crier, et alors, elle promenait autour d'elle des regards indifférents. Les autres en faisaient autant. On eût dit que d'un abîme qui existerait là, quelque part, pour soi-même, ces sons effroyables montaient, bouillonnaient en chacune de ces formes humaines et puis en débordaient… Je revins vers l'impératrice et lui dis :

— Quelqu'un est mort : c'est la plainte mortuaire des Grecs.

Et, comme elle me demandait qui était mort, je lui dis :

— A ce qu'il me semble, c'est une vieille femme qui gît sur le lit (mais j'étais convaincu qu'une mère pleurait son fils mort).

— Voilà que vous vous trompez, répondit l'impératrice d'une voix toute basse (au son de laquelle je m'imaginai, sans avoir besoin de lever les yeux sur elle, son visage ravagé par une indicible douleur), ce doit être un enfant de cette femme qui crie plus horriblement que toutes les autres, — peut-être son fils. Allez vous informer encore une fois.

Mais elle me rappela aussitôt.

— Non, ce n'est pas la peine, je sais que c'est son fils… Et nous continuâmes notre chemin. Après quelques instants de silence, tout à coup elle dit :

— Pour cette femme, plus rien, plus rien que cela, plus de place en elle pour autre chose que ce soit. Maintenant elle épuise toute son âme d'autrefois.

Après ces mots tremblants, elle se tut pour toute la soirée. De plus en plus nous nous éloignâmes de ce sinistre océan de souffrance, mais le plaintif déferlement continua à nous poursuivre de loin. Maintenant il semblait qu'il fût devenu plus faible, comme lassé, et ses coups isolés se noyaient l'un dans l'autre. Maintenant aussi un écho s'était élevé dans mon âme, et il retentissait plus haut que le mugissement de ces lames lointaines... Les arbres, au-dessus, étaient silencieux, pas une feuille ne remuait... Soudain les grillons commencèrent à grésillonner, d'abord un au loin, ensuite plusieurs près de nous, tous ensemble, voix délicates et fines, qui bientôt, résonnèrent dans le silence douces et tristes, par centaines, en chœur, comme en une haleine unique, inextinguible, reprenant toujours à nouveau. L'ensorcellement était rompu. Un souffle d'air délicieusement frais se jeta sur le faîte des oliviers ; des milliers de voix se firent entendre en des murmures mystérieux, et les premières étoiles apparurent, vertes et bienheureuses, à travers les voiles de feuillage qui tremblaient.

Nous causions aujourd'hui de l'*Anna Karénine*, de Tolstoï, dont je venais de lire quelques passages à l'impératrice.

Elle me dit :

— Le bonheur que les hommes cherchent dans la vérité et demandent à la vérité, est soumis à des lois tragiques. Nous vivons au bord d'un abîme de misère et de douleur, que le mensonge de la morale sociale a creusé. C'est l'abîme entre notre état d'aujourd'hui et cet autre, dans lequel nous devrions nous trouver. Un abîme reste toujours un abîme. Dès que nous voulons le franchir, nous nous y précipitons et nous y fracassons. Quand ce gouffre sera une fois rempli de souffrance humaine et de cadavres de bonheur, alors on le traversera sans danger.

De *l'île de la mort*, nous sommes revenus à la rive du havre hylléen. Une eau dormante qui suinte du sol rend ici toute la côte impraticable. Le soir argentait les marais qui luisaient à travers des joncs noirs, comme derrière de funèbres voiles. Un de ces petits lacs blêmes était couvert de nymphées. Nous dûmes contourner sa rive pour prendre pied sur un sol ferme. Et alors nous vîmes les nénuphars, qui, l'un après l'autre, fermaient leurs calices et plongeaient. Un parfum d'une âpre et grisante douceur planait, comme une lourde nuée somnolente, sur ces fleurs qui s'évanouissaient. Au fond du lac, des têtes de roseaux se discernaient, — floraisons rouge sombre.

— Il faut nous en aller, dit l'impératrice ; cette fragrance, ici, donne mal à la tête.

— Les nymphées exhalent leur âme, Majesté, avant de s'abîmer dans l'empire de Perséphoné.

— D'habitude ce sont les âmes qui descendent aux enfers et les corps qui restent en arrière, dit l'impératrice. Ici c'est le contraire. Ce sont plutôt, je crois, leurs sentiments que les nymphées dispersent à tous les vents. Personne ne leur en sait gré ; elles ne savent pas encore que l'on doit enfermer en soi ses plus intimes mouvements.

<center>~~~~~~~~~~</center>

Aujourd'hui nous sommes restés longtemps près de la fontaine à l'eau jaillissante : un petit canal en conduit l'eau sans bruit vers le cœur d'un vieux cyprès. Quant à la fontaine, elle chantait et chantait sans trêve, toujours la même plainte inconsciente, telle une joueuse de luth ravie, tombée, à ce qu'il me parut, dans le délire de sa propre tristesse. Est-ce que la fontaine, en son voisinage, ne chantait plus comme auparavant, ou bien cette mélodie directe-

ment d'ELLE jaillissait ? Toutes les choses autour
d'elle reconnaissent la suprématie de sa personnalité.
Ce qui à elle les relie, ce sont les rapports entre ces
mystères mêmes qui leur sont à toutes familiers et
qu'elles partagent avec elle.

Aji Deka.

Aujourd'hui, quand nous avions gravi la cime
bleue qui de tous côtés si mollement retombe,
comme les plis d'une robe de soie qui traîne,
l'après-midi était déjà avancée. Ici des granits solitaires au soleil gisaient, balayés par le vent. Des
chênes rouvres, noirs et nains, et d'autres buissons rabougris se serraient dans les fentes des
rochers, comme pour s'y accrocher solidement, car
des vents furieux soufflent sur ce sommet, sans
cesse.

— Comme dans une île, dit l'impératrice, bien
qu'on soit sur terre ferme. Cette cime n'a certes
besoin de rien d'autre que d'elle-même — ni de
montagnes, ni de vallées, ni d'hommes ; et pourtant elle se rattache à tout cela... Mais on peut toujours y arriver, si l'on veut...

— Que veut dire Votre Majesté ?

— Arriver à faire de soi une île.

— Il n'y a que le vent, fis-je, à qui la cime ne puisse interdire de venir jusqu'à elle.

— Oh ! le vent, je ne voudrais pas m'en priver, si j'étais la cime, ni des nuages non plus. Il faudrait que tout l'or du soleil fût mien, et les secrets des nuages et de la pluie tiède. Et puis cette lutte, cette superbe lutte ! Regardez-moi ces pauvres plantes, dit-elle, en me montrant les buissons qui, angoissés sous le vent, frissonnaient ; voyez comme ils se cramponnent et se cachent dans les trous du rocher ; pourquoi aussi ont-ils voulu grimper si haut ? Ils ne sont pas faits pour l'air de la montagne. Seule la roche reste ferme et étale sa poitrine...

Tandis qu'elle parlait ainsi, un verset de Salomon me vint à la mémoire, que j'avais entendu chanter un jour, merveilleusement, dans un monastère grec :

> *Eveille-toi, vent du nord,*
> *Et viens, ô vent du sud,*
> *Souffler sur mon jardin.*

Alors elle m'apparut telle une magicienne dans le jardin mystérieux de son âme, appelant, par les harmonies de ses pensées, sur les nuages argentés de ses rêves, l'ouragan de ses désirs.

— Sur ces hauteurs, dit l'impératrice, je m'imagine, dans les clairs de lune, les nymphes montant des bas-fonds, pour leurs danses aériennes, et les nuages comme spectateurs, couchés en cercle, autour du dôme de la montagne, et puis le vent qui souffle et qui les disperse tous, et la lune qui rit de toute sa face.

Un instant après, elle dit en souriant :

— Il y a quelque temps, un ermite habitait ici. Les gens de Corfou prétendaient que c'était un fou et qu'il causait avec les abeilles et les nuages et qu'il n'avait commerce qu'avec des sorcières. Peut-être tenait-il lui-même les gens de Corfou pour des insensés... Mais le vent l'a tué, lui aussi — tout de même.

Sous le péristyle.

Une tiède nuit pleine d'étoiles et d'éblouissements. Au-dessus du cône de l'*Aja Kyriaki* et de sa noire couronne de cyprès, se tenait la grande ourse, et, de ses grosses étoiles, une lumière glacée ruisselait que l'on sentait distiller jusque dans l'âme. Plus loin, les calmes et virginales pléiades tremblaient. La chevelure de Bérénice aussi était visible flottant

en un souffle de superterrestre splendeur. Toutes
les constellations apparaissaient à la surface du ciel
avec une clarté et une intensité qui étaient presque
effrayantes, parce qu'elles apportaient la sensation
d'une vie lointaine et cachée, pleine d'accablantes
passions. La grande voie lactée serpentait tranquillement entre tous ces astres brillants, et ensuite
s'infléchissait vers les lointains d'autres cieux : dans
ses ondes léthéennes, d'innombrables minuscules
étoiles nageaient à la rencontre de plus éternels
mystères... Là ! soudain, une étoile s'alluma pour
une seconde, d'un éclat blanc et cru, démesurément,
de sorte que les autres autour d'elle pâlirent. Et il y
avait des boules rouges, comme enflammées, que
leur propre feu dévorait. Et des étoiles vertes et
bleues voguaient bienheureuses sur les célestes
flots noirs sans jamais regarder en arrière. Je dis
cela à l'impératrice, et elle répondit :

— Et de toutes ces étoiles, il y en a des milliers
et des milliers...

Et encore il y avait des étoiles qui ne voulaient
pas fermer les yeux, bien que leurs paupières de
tombassent de sommeil, parce qu'elles attendaient
la lune ; et d'autres que les larmes empêchaient de
distinguer leur chemin, et qui, irrésolues, regardaient de tous côtés.

Et l'impératrice dit encore :

— Et de toutes ces étoiles, il y en a des milliers
et des milliers...

Et il y en avait encore beaucoup, de grosses
étoiles superbes, qui portaient une couronne de
rayons autour de la tête, et que les autres n'osaient
admirer que de loin; une de ces belles, de couleur
vert clair, était suivie de près d'une autre, toute
petite, bleu foncé, infatigablement, pas à pas, sans
que celle-là se retournât. Et il y en avait qui étaient
si abandonnées au milieu d'une grosse tache sombre
du ciel, et elles étaient de toutes les plus tristes.
Et l'impératrice dit :

— De ces étoiles aussi, il doit y en avoir des
milliers et des milliers.

Et l'on entendait la mer qui bruissait tout bas,
de même que l'haleine d'une dormeuse. Les cyprès
de la terrasse se détachaient du ciel, comme des
larmes noires tombant sans trêve ; et ils exhalaient
un âpre et balsamique parfum. De la montagne
aussi, violentes, les essences des fleurs sauvages arrivaient, évoquant les teintes exquises de leurs corolles... La lumière bleue des lampes antiques à
tritons ruisselait le long des fûts des colonnes, s'en-
roulait autour des doigts d'une muse qui levait la
main, se posait sur un pli de voile d'une autre qui,

invisible, se tenait dans l'ombre, et baisait Apollon au front ; d'ailleurs, il s'en répandait plus de ténèbres que de clarté. L'impératrice allait et venait sous le péristyle, et elle était l'incarnation de cette beauté presque transcendantale qui, ici, apparaissait à la surface de la vie. Ce soir, je lus encore quelques pages de *Peer Gynt :* la mort d'*Asa.*

Quand j'arrête les regards de mon âme sur ce qu'en de telles heures je vécus, je me sens comme ébloui.

<div style="text-align:center">~~~~~~~~~~~</div>

Un coup d'œil lui suffit pour savoir quelque chose. On peut ensuite lui dire tout ce que l'on veut, rien ne change son premier jugement. Nous parlions d'une personne dont elle mettait en doute le dévouement, et que je voulais défendre. Elle dit :

— On ne peut m'influencer ni en bien ni en mal, car j'abandonne tout à mes voix intérieures et à ma destinée.

Plus tard, elle ajouta :

— N'avez-vous pas remarqué que j'en sais plus sur vous que vous-même ? Au premier regard, je sais ce que valent les hommes. On pourrait venir me dire de quelqu'un qu'il est un Dante et m'exhiber sa

Divine Comédie, je ne le croirais pas, si je ne m'étais pas rendu compte qu'il pût être tel. Mais il y a aussi des hommes qui sont magnifiques et prodigieux comme des montagnes, et devant lesquels on passe sans les comprendre, comme devant les montagnes.

Comme nous traversions une prairie, aujourd'hui, l'impératrice dit :

— Avez-vous déjà réfléchi à tout ce qui est l'œuvre des herbes ? Les fleurs rêvent dans leurs bras leur rêve éphémère ; les nymphes et les elfes de Shakespeare dansent parmi elles ; les pâtres étouffent les sanglots de leurs flûtes dans leur duvet ; les ruisseaux pour elles chantent leurs chants, et les troupeaux qui paissent y répandent leur repos ; les papillons les surprennent de l'ombre de leurs ailes, et les abeilles sur leurs brins se bercent jusqu'à s'en assoupir. Voilà l'œuvre et la vie des herbages.

Aujourd'hui, tout d'un coup, nous nous sommes trouvés au milieu d'un groupe d'amandiers, qui, esseulés, faisaient comme une île blanche :

— Un berceau, dit l'impératrice, où l'on pourrait renaître, si cela en valait la peine.

<hr>

— Comme les nuages se précipitent avec rage après le soleil, s'est-ELLE écriée aujourd'hui, pendant le soleil couchant. On dirait des sorcières qui poursuivent une jeune fille aux cheveux d'or.

Puis elle ajouta :

— Les passions du ciel, que nous contemplons tous les jours, nous font oublier nos propres soucis.

<hr>

Hier, comme nous avions gravi le sommet de l'*Aja Kyriaki*, l'impératrice dit :

— Voyez, maintenant nous sommes plus pauvres d'un désir, et certainement plus riches de dix autres. C'est comme chez les hommes : pour un mort, dix nouveau-nés. Chaque fois qu'un vœu meurt en nous, il meurt une parcelle de notre être intime, et nous naissons à de nouveaux vœux, comme l'humanité à de nouvelles souffrances. Mais nous ne cesserons jamais de désirer ni de souffrir.

<hr>

ELLE voudrait grimper sur chaque montagne
qu'elle voit.

— Il y a si peu d'endroits sur la terre, me disait-
elle aujourd'hui, qui ne soient pas foulés par les
hommes, et qui aient conservé ainsi, pur de profanation, leur caractère primitif. Je compte parmi
ceux-ci les sommets des montagnes — je ne veux
pas précisément dire les Alpes suisses : il n'est pas
du tout nécessaire de ne gravir guère qu'une montagne des Alpes. Les collines suffisent ; elles sont
toujours des îles de solitude ; elles ont même plus à
nous dire, parce que les rapports entre elles et nous
sont moins troublés. Et l'on sent tout de suite la
différence. Sur les cimes les plus élevées et les plus
solitaires des montagnes, je puis respirer, plus
librement respirer, là où d'autres se sentiraient
perdus. Ce n'est donc pas pour suivre un traitement
que je vais à la montagne. Vous, par contre, vous
devez, peut-être de mauvais gré, supporter ce traitement. Et il y a chez moi quelque autre chose
encore : le plaisir physique de grimper ; je le tiens,
sans doute, des chèvres dont j'aime tant à boire
le lait. Je ne m'inquiète pas, comme les touristes,
du nombre de mètres que je gravis : je veux seulement monter. Monter est plus attirant que tout
faîte que l'on atteint. Pour moi, une cime n'est

pas un but, mais un obstacle, comme dans la course à cheval.

Plus tard, elle ajouta :

— N'est-ce pas curieux ? Quand je me trouve en Suisse, je n'ai aucun désir des montagnes, peut-être parce que tout le monde en éprouve. Alors, je préfère flâner dans les villes, à Genève surtout. Genève, c'est mon séjour de prédilection, parce que je m'y sens tout à fait perdue, au milieu des cosmopolites ; cela donne l'illusion de la vraie condition des êtres.

~~~~~~~

Les merveilles du crépuscule commençaient à se déployer. Le ciel du couchant brasillait en un rouge infernal ; les montagnes d'Albanie : une immensité de rêves vermeils ; et le soir tombait comme un chant lointain et désolé sur l'abandon de la mer. Nous descendîmes sur la grève, pour participer à sa solitude. O l'éclat de perles en pure perte ! — les longues pâleurs que personne ne voit !

— Voyez, me dit l'impératrice, en me désignant deux gros nuages blancs, qui s'étaient abattus là-haut sur le sommet d'une montagne et qui maintenant descendaient lentement vers la mer, — ces
~~~~~~~

nuages sont comme nous ; ils vont aussi à la mer,
pour s'y reposer de leur existence. La mer est
comme une mère, sur le sein de laquelle on oublie
tout.

Pendant qu'elle parlait ainsi, les nuages s'abais-
saient de plus en plus sur le miroir des eaux. Et le
soir, cependant, les avait jonchés de roses.

O la pâle lune angoissée, qui, s'attarde hésitante
au-dessus de la crête des montagnes ! Nous nous
promenions par le péristyle, tandis que, devant
chaque colonne, les Muses, le regard tourné vers le
jardin, se dressaient, pâles et attentives, dans un
demi-jour mourant, chacune d'elles exprimant par
son geste cristallisé un côté particulier de l'universelle beauté. Nous parlions de choses qui n'avaient
aucun rapport avec cela, mais nos paroles n'étaient,
à ce que je crois, que des voiles dont nous affublions
d'inestimables trésors.

Aujourd'hui j'ai lu à l'impératrice *Peer Gynt*, et
d'abord le couplet de *Solveig* :

> *Maintenant tout est prêt pour la Pentecôte.*
> *Cher garçon, toujours loin, --*
> *Quand viendra-tu ?*

Je veux attendre, attendre,
Si long que ce soit encore.

Alors elle dit :

— Pourquoi l'attendre ? Peut-être, n'était il pas celui qu'elle devait aimer et pour qui elle était née. On se trompe si souvent dans ses jeunes années, et l'on veut faire soi-même sa destinée ! Il se peut bien que le véritable élu l'attendait, lui aussi ?...

LES PELOTONS

(roulant aux pieds de Peer Gynt).

Nous sommes des pensées,
Tu devais nous penser...

PEER GYNT

(il les repousse du pied).

J'ai abandonné ma vie à une seule.

L'impératrice :

— On ne doit pas abandonner sa vie à personne, mais la vivre en tout et rouler avec tout.

FEUILLES SÈCHES

(que le vent emporte en tourbillon).

Nous sommes un mot,
Tu devrais le dire :

Desséchées sans trêve, nous dûmes dépérir,
Nous ne sommes devenues ni couronnes
Ni protectrices de fruits...

L'impératrice :

— Les feuilles sont quelque chose d'accessoire, des désirs morts oubliés et inaccomplis, tandis que les fruits sont le but direct de la création atteint. Homère a raison, quand il compare les hommes qui combattent autour des héros aux feuilles de la forêt. Ils ne sont là que pour végéter à côté des sublimes :

LES ÉPIS BRISÉS

Nous sommes les travaux,
Tu devrais les exercer.
C'en est fait de la force.
Tu n'as pas voulu aimer.

L'impératrice dit :

— Plus magnifique que tout fait est l'inarrivé. L'inarrivé est l'état permanent de la vérité dans le paradis de la durée éternelle, tandis que le fait en est le bannissement dans l'instabilité... Et, pour ce qui concerne l'amour, — il a une amère ennemie, et c'est l'Ironie.

GOUTTES DE ROSÉE

(tombant des branches).

Nous sommes les larmes,
Tu devais les pleurer.
Nous pouvions réunir
La haine et le désir…

— Cette fois encore, il a tort, dit l'impératrice ; je le sais par expérience : on ne peut pleurer les vraies larmes, et celles que l'on pleure coulent toutes en vain.

ELLE se tenait près de la fontaine, et prêtait l'oreille à l'eau, qui murmurait, sans trêve ni fin. Le vent de la mer bruissait à travers les frémissants cyprès, qui gémissaient mélodieusement comme des harpes éoliennes — nostalgies sans souvenir. Au haut du ciel, les douces Pléiades vibraient ; et elles montaient, rapides, à travers le nocturne éther, — et le temps s'écroulait, dans l'abîme, à jamais. Soudain elle dit :

— Savez-vous pourquoi j'aime tant à voyager incognito ? Parce que je voudrais être comme la Terre et la Mer. Les noms que leur donnent les hommes ne valent que pour les hommes mêmes ;

elles n'en gardent pas moins leur anonymat, et là
où elles sont le plus libres et le plus solitaires,
là les hommes n'atteignent pas avec leurs nomen—
clatures.

Je pense à une sentence de Ruskin : *Les plus
sublimes œuvres d'art représentent des hommes et
des femmes au repos, des nuages et des montagnes
dans l'apaisement, des hommes et des femmes noble-
ment modelés, des montagnes et des nuages magnifiquement beaux.* » Oh ! quelle vérité dans ces
mots ! Ici, auprès d'ELLE, je saisis cette vérité tout
entière. Tout est là devant moi, et *est, est, est,*
parce que ce *fut,* parce que ce *sera.* Et, maintenant,
je sais aussi ce qu'en elle je retrouve de ces montagnes, et de ces prés, et de ces arbres, et de ces
nuages, ce qui fait d'elle une synthèse des physio-
nomies particulières de ces êtres éternels : c'est
le grand apaisement qui est en elle, et qui de ses
lignes émane, comme en rayons sonores de suave
harmonie.

Excursion à Lakonès.

Aujourd'hui, refait la splendide route de Paléo-castrizza. Nous passâmes devant le couvent, puis gravîmes la côte escarpée qui derrière lui se dresse, et le domine. Là-haut, sur le versant de la roche que voilent des oliviers et des cyprès, nous aperçûmes le village de Lakonès, tel un collier de perles blanches. Derrière, des rochers montent encore, cachés sous des fleurs jaunes et lilas, mais les cimes sont nues et rondes et lisses comme de jeunes seins. Le village de Lakonès lui-même se compose de petites huttes misérables, badigeonnées à la chaux, qui pendent des rochers, en nids d'oiseaux, collés les uns aux autres. Sur les toits plats, des œillets et des géraniums mettent leur flamme fleurie, des femmes belles et mélancoliques sont accroupies devant les portes de leurs aériennes demeures ; quelques porcs gras se chauffent au soleil, dans les ruelles, et des chiens se précipitent vers nous et aboient avec rage.

— « Ils ne font pas de mal ! arrière ! ici ! *Feu ! Amour !* honte sur vous ! » — et les chiens sont chassés dans les maisons par des femmes aux yeux languides et qui sourient avec bienveillance, femmes aux vêtements blancs, aux blancs mouchoirs de

tête, aux cheveux artistement tressés en couronnes.
Toutes tiennent une quenouille à la main, comme
les suivantes de la reine Arété. Puis les hommes
sortent à leur tour de leurs pressoirs à huile, et
ôtent leurs chapeaux de paille ronds, reconnaissant
l'impératrice ; et tous, et toutes, ils la poursuivent
de brillants regards d'admiration et de leurs bénédictions :

— « Ora kali vasilissa ! Aï sto kalo ! (Bonjour à
toi, ô Reine ! Va au bonheur !) »

Et l'impératrice, courbant, avec une grâce de
cygne, la tête, pour un salut, glisse devant eux et
disparaît dans la claire obscurité de ses forêts.

<hr>

Chaque fois que nous atteignons le but d'une de
nos promenades, — et c'est généralement la crête
des montagnes d'où l'on a vue sur les deux mers
à la fois, — alors, c'est vraiment comme si elle faisait
une entrée triomphale dans son royaume, comme
si elle devenait, pour la première fois, *impératrice*
sur soi-même ; alors c'est comme si elle portait,
elle, chagrinée et funèbre en son deuil, des vêtements radieux. Elle devient la jeunesse et la vie
même. Comme Mélusine dans sa silencieuse pis-

cine sylvestre, loin des regards des profanes, elle manifeste sa forme véritable et vit sa propre vie...

~~~~~~~~~~

Rencontré aujourd'hui, sur le chemin qui va du château à la baie de Benizze, un ingénieur italien, qui était chargé de quelques réparations à l'Achilleion et que l'impératrice connaissait déjà avant. Elle m'ordonna de l'aborder et de lui dire en italien qu'il avait bonne mine, qu'il avait engraissé, et que l'air du pays semblait lui faire du bien. Je demandai :

— Votre Majesté ne parle-t-Elle pas l'italien ? Votre Majesté est pourtant la Reine de Venise.

— Ah ! oui, par exemple, il y a longtemps de cela, répondit-elle, en riant amusée, avec un geste dans le vague. L'empereur s'exprime encore très bien en italien : c'est tout ce qui nous est resté de notre royaume, — plus qu'il ne nous en faut. Il a bien fallu que, moi aussi, j'apprisse la langue du *si*, mais je n'ai jamais pu me familiariser avec elle. D'ailleurs toute ma peine eût été en pure perte.

~~~~~~~~~~

A la clarté de la lune mystique, nous avons, une fois encore, fait le pèlerinage du temple de Heine. Les oliviers au-dessus de nos têtes palpitaient, les étoiles s'effaçaient noyées dans des brumes de rêve. L'impératrice, pendant quelques instants, se tint muette devant le cher marbre lassé et nostalgique qui représente le poète, — et nous revînmes sans plus parler.

De la nuit tiède, déployée vaporeusement, tel un voile torpide, sur le feuillage des arbres et sur les buissons à nos pieds. Les Muses toutes scintillaient : sous la ruisselante clarté, on eût dit qu'elles bougeaient. Dans le lointain des jardins brillaient les nymphes blanches. La blanche lune, la lune enamourée se tenait, vibrante, au haut du ciel.

— Quel calme, Majesté ! La lune ne peut en détourner ses yeux !

— Il ne faut pas parler, dit-elle, tout est si silencieux afin qu'*Endymion* ne s'éveille point.

Elle est la plus esseulée de toutes les esseulées. Il ne faut pas prendre cela uniquement au sens sym-

bolique. De temps à autre, et par certains intervalles périodiques, c'est une nécessité, pour elle
presque une fonction vitale, de s'isoler même exté-
rieurement. Elle a le presque douloureux désir d'être
seule, et de rêver face à face avec les forces secrètes
de son âme. Alors elle s'en va en des oasis de solitude, où personne n'a d'accès. Dès cinq heures du
matin, elle parcourt les jardins du *château d'Achille* ;
tout dort, elle seule veille et vague par les limpides
tranquillités qui l'entourent... Hier, je me suis levé
au petit jour, et me suis rendu — sans trop savoir
pourquoi — par l'*escalier des dieux*, sur la *terrasse
d'Hermès*. Un blanchâtre reflet à l'est surgissait,
derrière les croupes noires des montagnes, dont les
bases immergeaient dans les ténèbres de leurs propres
ombres. De la mer (on la devinait, plus qu'on ne
la voyait, en une immense pâleur noyée) montaient
les humides fraîcheurs matinales. Au ciel, presque
toutes les étoiles s'étaient éteintes ; une seule, d'une
terrifiante grandeur et magnificence, flambait au
zénith : Sirius, semblable plutôt à un petit soleil
tout blanc, qui s'enflait en clarté et puis s'affaissait
sur soi-même. Au-dessous de l'astre, se dressait,
dans la palpitante et glaciale pénombre, la silhouette
d'un grand cyprès noir, dont le faîte, sous un
souffle de brise que l'on ne sentait ni n'entendait,

légèrement se balançait... Soudain ELLE m'apparut, glissant comme une ombre furtive entre les colonnes du blanc palais. Je fus extrêmement surpris de la trouver là à cette heure, et je voulus me retirer; mais elle s'approcha, rapide, pareille à un ange noir qui aurait à défendre un paradis, et me dit :

— Je suis toujours ici avant le lever du soleil, pour voir comme tout s'éveille. Il ne faudra jamais plus venir ici à cette heure ; c'est le seul moment où je sois tout à fait seule.

Je m'éloignai en silence ; j'étais effaré et comme perdu dans un rêve : c'était comme si j'avais vécu le conte de Mélusine.

Aujourd'hui encore nous avons été sur l'*Ajã-Ky-riaki*.

— C'est ici seulement que je me plais tout à fait, dit l'impératrice. Ici je pourrais même renier mon principe et rester attachée pour toujours à cette motte de terre. — La mer, aujourd'hui, est comme un lac, dit-elle au bout d'un instant, et elle sourit. Je me sens si bien chez moi ici que je ne puis m'empêcher de penser au lac de Starnberg et à Possenhofen. Je me dis : « Voilà qu'un souvenir d'enfance a fait sourire son âme. » Il était poignant de penser que celle qui habitait maintenant les sombres halles de la compréhension, là où la créature humaine, à vrai dire, est à sa fin, avait été, elle aussi, jadis, une enfant, et avait joué avec ses sœurs sur la chère rive verdoyante de ce lac qui exerçait sur elle et sur toute sa race une tragique fascination. « En vérité elle n'a jamais cessé d'être ce qu'elle était, pensai-je à part moi ; de son lac elle a, de même que ses sœurs, reçu ce pressentiment de périr noyée. Puis, avec les années, de ce lac, pour elle, la mer s'est déployée.

Nouvelle promenade sur la grève.

ELLE dit :

— La mer est mon confesseur, auquel je dois recourir tous les jours. Elle me rend la jeunesse, parce qu'elle enlève de moi tout ce qui est étranger et me donne ses pensées — seule jeunesse immortelle. La mer elle-même ne peut mourir, et c'est pourquoi elle rajeunit tout autour d'elle. D'elle me vient toute sagesse. A Gödöllö aussi il y a un arbre qui est le meilleur ami que j'aie dans ce monde. Chaque fois que j'arrive là-bas, et avant de repartir, je vais le trouver, et nous nous regardons quelques minutes en silence : il est le confident de ma vie ; il sait tout ce qui est en moi, et tout ce qui arrive dans l'intervalle de mes visites, tandis que nous sommes séparés ; et il ne le dira à personne.

Voyez, — dit l'impératrice au bout d'un instant, avec un geste harmonieux vers l'horizon des petites îles bienheureuses qui nageaient sur des eaux dorées : — où une île creuse son sein en baie, là toutes les tristesses du monde s'abîment délicieusement.

Aujourd'hui, nous sommes restés longtemps à contempler la bruyante mer de tempête, magnifique et mystérieuse, et nous nous sommes tus tout le temps, assis sur la grève, tandis que la mer, seule, s'écriait ; elle clamait, éperdue, pour nous, taciturnes. Et nous savions que notre silence, que notre repos exprimaient cette même chose qui faisait rugir la mer, si effroyablement.

Plus je reste auprès d'elle, plus se fait forte en moi la pensée que son existence vacille entre deux mondes. Quand nous errons, pendant des heures, sur la grève homérique, elle glissant, le long du clair rivage de la vie, telle une ombre ayant pris corps, et que les vagues éternelles nous assaillent de leurs clameurs, alors j'ai le sentiment qu'elle incarne quelque chose qui gît entre la mort et la vie, ou dans l'une et l'autre à la fois. Elle-même, dans la solennelle allocution que la mer tient aux sables, ne distingue jamais qu'une seule chose : c'est-à-dire que des forces et des puissances plus impérissables que celles que nous connaissons sur cette île de la vie nous revendiquent pour elles.

La mer veut me posséder toujours ; elle sait que je lui appartiens, me dit-elle presque chaque fois que nous allons à la mer.

Aussi, je ne puis m'imaginer non plus, qu'elle puisse sortir de la vie de la façon commune, puis-qu'elle ne relève pas de la vie réelle et vulgaire. L'atmosphère où elle vit est autre que celle où nous respirons. De notre point de vue, sa vie est vraiment un non-vivre : l'on pourrait dire qu'elle se trouve, en tant même que créature vivante, dans un état qui exclut la vie. Ce mystère qui l'environne, qui fait d'elle une énigme pour les gens, est pour elle une source d'évidences ; et elle s'y enveloppe, elle s'en revêt d'une gaîne ou d'une armure, pour préserver son essence psychique de toute volatilisation et de tout préjudice par les rapports extérieurs avec les hommes.

Nous passâmes devant une pente de roche granitique aux couleurs de scorie très éclatantes, qui se dressait, telle une ogresse pétrifiée, au-dessus de la plaine boisée. En quelles courbes de délicieuse mollesse la beauté infléchissait cette pierre rigide et ardente ! Longuement épandues, les boucles dorées d'un genêt, jaune fulgurant, couvraient la tête du roc, tandis que de larges veines bleues couraient, enchevêtrées, sur son front rouge de sanguine. L'impératrice dit :

— Voyez les pensées du rocher ; même en leur raideur, elles lui prêtent de la beauté ; car elles sont le rocher lui-même, et non pas quelque chose d'étranger à lui.

Dans le calme frais du soir, nous traversâmes la forêt, puis nous gravîmes une pente rocheuse, que tapissaient des buissons de lentisques et de thym en fleurs. Les âpres parfums de la solitude planaient lentement sur ce coteau, dont aucun bruit ne troublait la désolation. Des lézards glissaient sur les petits sentiers qui s'ouvraient entre les broussailles, et des oiseaux, aussi, sautillaient dans ces dédales de tristesse ou voletaient d'une branchette à l'autre, d'une pierre à l'autre, sans gazouiller. Quelque chose d'accablant se posait sur la poitrine, et l'impératrice dit :

— Quelque âme souffre en cet instant.

—— Nos sentiments intimes, dit dernièrement l'impératrice, sont plus précieux que tous les titres et toutes les dignités, guenilles bariolées dont on s'affuble et par lesquelles on croit cacher des nudités. Notre nature, nullement, n'en est changée. Ce qui a de la valeur en nous, nous l'apportons dans la vie de nos antérieures existences spirituelles. Mais les gens ne veulent pas comprendre, sans quoi chacun se lèverait et s'encourrait, sans se préoccuper de qui que ce soit, sans regarder même derrière soi.

C'est curieux, fit-elle après un temps : où les hommes parviennent, tout, fatalement, est dévasté.

Les hommes font toujours du tort aux choses ; là seulement où les choses existent pour soi, elles conservent leur éternelle beauté. C'est pourquoi je ne fais pas montrer aux gens mon château. Au bout de quelques mois, il n'en resterait pas une pierre debout ; ils écrivent partout leur nom, comme pour imprimer sur les pierres mêmes le sceau de leur néant, pour les entraîner dans leur propre ruine. Voyez, il n'y a de ruines que là où il y eut des villes ; dans les villes, les arbres aussi s'étiolent. Mais les cimes des montagnes sont comme Dieu les a créées.

Nous parlâmes aujourd'hui des systèmes philosophiques modernes, surtout de Nietzsche, dont ELLE n'avait rien lu, ni même jamais entendu parler. Elle dit :

— Nous sommes une dérisoire parcelle de ce monde, pourquoi voulons-nous tout savoir et nous creusons-nous la tête ? Croyez-vous que les oliviers se demandent pourquoi les coquelicots sont rouges ou pourquoi les nuages resplendissent le soir ? Ces rochers ne se font aucune idée non plus de la météorologie. Toutes ces choses vivent à une profondeur

où il n'y a plus de secrets, — parce qu'elles vivent
les unes avec les autres, et les unes dans les autres;
nous seuls, nous sommes placés en dehors du monde ;
nous avons rompu tous les ponts et tous les liens.
Le vrai *superhomme* serait celui qui oublierait qu'il
est un homme. Notre esprit et notre raison devraient
nous rendre ce sens du monde que les autres êtres,
en leur inconscience, possèdent.

Elle est l'esseulée de toutes les esseulées ; car elle
s'appartient tout entière.

— Les gens ne savent pas comment s'y prendre
avec moi, disait-elle hier, parce que je ne me con
forme à aucune de leurs traditions ni de leurs idées
depuis longtemps consacrées. Ils ne veulent pas que
l'on bouleverse leurs tiroirs. Ainsi je m'appartiens
tout entière. Dans mes promenades, je suis peu ex-
posée au péril de rencontrer des hommes civilisés ;
car ils ne me suivent pas dans les déserts ; ils ont
bien mieux à faire ! Alors, ce sont mes longues solitudes qui me font reconnaître que l'on sent surtout
la lourdeur de son existence quand on est en contact
avec les hommes. La mer et les arbres enlèvent de
nous tout ce qui est terrestre. Nous devenons nous-

mêmes un des êtres sans nombre. Par contre, tout
commerce avec la société humaine nous fait dévier
dans cette ascension, aiguise la sensation de notre
individualité, ce qui fait toujours, et par-dessus tout,
souffrir. Mais il y a des hommes qui me sont aussi
agréables que les arbres ou la mer, parce qu'ils sont
comme les arbres et comme la mer. Ce sont les
pêcheurs, les paysans et les fous de village, gens
qui se meuvent peu parmi la foule des hommes et
commercent beaucoup avec les choses pérennelles.
Ils me donnent plus que je ne pourrais, certes,
jamais leur donner comme impératrice. C'est pourquoi je les quitte toujours avec une grande gratitude : ils me délivrent de quelque chose d'étranger
et d'angoissant, qui s'accroche à moi et m'oppresse.

Benizze, dimanche 27 mars.

Aujourd'hui, de bonne heure, nous avons traversé
le village. Cela sentait les jeunes herbes et les violettes — d'innombrables violettes. La mer reposait
sereine en une très indicible joie de dimanche,
lumineuse et extatique. La vieille petite église, au
gris clocher vénitien, était ouverte, et remplie de
dévots accourus à la grand'-messe, qui débordaient

jusque dans la rue. Les femmes toutes endi-
manchées, aux mouchoirs de tête blancs comme la
neige, avec des rubans neufs; rouge de feu, entrelacés dans les couronnes de cheveux, et, aux
oreilles, de longs pendants en or ; les hommes avec
des chemises fraîchement lavées, des culottes bleues,
et d'homériques cnémides de laine blanche.

De la porte de l'église, béante et ténébreuse,
une bleuâtre fumée d'encens s'épanchait en lourdes
vagues de parfum sombre, que le souffle du printemps portait lentement vers la campagne et, par-
dessus la mer, au large : double haleine, enivrante,
de deux mondes différents dont la réunion symbo-
lisait la vie profonde.

Et puis, clairement, jusqu'à nous, retentirent les
chants de la liturgie grecque, se traînant en une pa-
resse désolée, l'on eût dit des ombres, sur ce clair
paysage. Ces sons, spontanément, surgissaient de
l'obscurité, gravissaient à pas lents et lassés une
hauteur, s'attardaient quelques secondes sur le faîte,
irrésolus ou appelant à l'aide, puis s'affaissaient,
étouffés en larmes intérieures. Ou bien ils arrivaient
en une vague unique, qui ensevelissait tout, en
germe. Soudain une voix, cri aigu de détresse, hors
de cet antre de ténèbres et de lassitude, jaillit, s'en-
vola vers le ciel, avec la véhémence d'une lumineuse

fusée, erra telle une étoile filante dans les verts
espaces du ciel, y resta suspendue et s'éteignit. Et
puis le chant se répéta avec une monotonie qui était
aussi accablante que l'incessant et unissonnant
ondoiement des vagues. C'était comme des pleurs
qui ne pourraient pas être pleurés, parce qu'une
puissance, du dehors, les refoulerait, comme si le
printemps, de ses blanches mains odorantes, eût
fermé la sombre bouche chantante de cette église.
Mais quand ces mains de la vie et de la jeunesse
sans force retombaient, alors, les sons comprimés,
de nouveau, en gerbes enflammées jaillissaient, et
(jet d'eau qui s'épanouit dans les airs adorateurs) ils
s'ouvraient en clairs calices, et s'effeuillaient sous
un vent d'extases désespérées, et dégouttaient sur
le sol, sonore pluie de larmes en pierreries.

Quand nous approchâmes de l'église, un vieil
homme en sortit, devant qui tous les assistants
s'écartèrent, comme pour lui faire place : il tenait
de ses deux tremblantes mains un petit cierge de
cire jaune, allumé, et regardait fixement devant soi,
souriant, comme transfiguré. La petite flamme
faisait, au soleil, l'effet d'une tache sombre, mais la
face du vieillard, sa tête blanche étaient comme
auréolés d'un rayonnement, qui apparemment ne
venait pas du cierge. Tous les gens regardaient vers

lui, et plusieurs femmes et enfants s'inclinèrent pour lui baiser les mains au passage. Cela frappa l'impératrice. Elle me dit de demander quel était cet homme. Je m'adressai à une grosse paysanne, avec de lourds anneaux d'or aux oreilles, qui se tenait là, les mains sur le ventre, et parlait à voix basse avec une voisine.

— C'est le vieux Spyros Aulonitis, me répondit-elle, c'est sa façon à lui, mais il est un saint homme. Il a vu le Seigneur, lui, face à face. Dix jours durant, il fut mort, et il était encore dans sa bière, quand sa belle-fille entra dans les douleurs ; et elle mit au monde un enfant bien portant, lourd et gras comme un petit agneau. Et tout à coup le mort a ouvert les yeux, et il a sauté en bas du cercueil et, aussitôt, l'enfant est mort. Maintenant, il ne parle jamais à personne, ajouta la bavarde paysanne, mais il va et vient tranquillement, et il rit, sans cesse, comme s'il vous voyait le ciel ; et il garde toujours près de lui, nuit et jour, ce petit cierge allumé. Ce n'est qu'à sa belle-fille qu'il parle quelquefois ; quand elle se tourmente trop, il lui dit : « Laisse donc, laisse donc, tout cela n'y est pour rien, autant en emporte le vent. » Parce que, vous savez, il lui est aussi attaché que si elle était sa mère. Voyez, la voilà, sa belle-fille.

Et elle me montra une jeune femme très pâle, avec des cheveux tressés en couronne, qui enveloppaient son front comme une ombre de maléfice.

— Voilà la belle-fille du vieux Spyros.

L'impératrice, cependant, s'était approchée et avait prêté l'oreille. Les gens la reconnurent et s'assemblèrent autour d'elle. L'impératrice avait sans doute l'intention d'adresser la parole à la femme pâle, mais la présence de tant de personnes l'effraya et l'en détourna. Cependant l'église se vidait. Un gamin nu-pieds traversa lestement la foule, et se pendit de tout son poids à la corde de la cloche. Et la voix de la cloche jaillit et coula comme de l'argent fluide, glissa par bonds à travers les rayons de paisible lumière, comme ces cailloux blancs que les enfants jettent sur le miroir des eaux, s'enfla et se fondit en un bruit d'air qu'on aspire, ondoya en un flux et un reflux, vacilla dans l'éther, et remplit tout d'un flot déchaîné en allégresse liquide et cristalline. Oh ! ces frénétiques épousailles de la lumière, des sons et des haleines des fleurs — harmonies intérieures qui, pour nos sens, sont presque perdues, mais qui, peut-être, font frissonner les cyprès jusque dans leurs racines !...

Aujourd'hui encore, passé devant le temple de Heine. Toujours son aspect est émouvant : en l'éternité de l'ambiant, c'est le monument de la fragilité, qui, elle aussi, est éternelle. Je demandai à l'impératrice quel poème de Heine elle préférait. Elle dit :

— Tous je les adore ; car tous ne sont qu'un seul poème : un et le même. L'incrédulité de Heine quant à sa propre sentimentalité et à son propre enthousiasme est ma croyance aussi. Les journalistes me font un grand mérite d'être son admiratrice ; ils sont fiers que j'aime leur Heine, mais j'aime en lui son infini mépris de sa propre humanité et la tristesse dont les choses de cette Terre l'emplissaient.

<center>~~~~~~~~~~~~~</center>

Aujourd'hui, ELLE n'était pas elle-même.

Elle ne cessait de rougir et de pâlir, sans cause extérieure apparente, et se donnait une peine visible pour parler de choses banales. Durant la leçon, elle avait lu et relu, maintes fois, une lettre, et paraissait tout à fait absente.

Je n'ai pas besoin de la regarder, pour savoir que les harmonies qui tissent les fibres de son être ont souffert quelque perturbation ; toujours, et immédiatement, je ressens les frémissements qui courent sur l'onde stagnante, troublée, de son âme, comme si les derniers cercles vibrants qui s'en écartent venaient expirer dans mon propre cœur. Que le plus léger souffle de ce que les gens nomment la *vie* atteigne les flots d'intarissable chagrin qui croupissent en elle et sous lesquels son âme est engourdie, et une onde de sang rouge lui monte du cœur aux tempes, jusqu'aux racines de ses cheveux, et voile son visage de la poupre de son intime royauté, comme pour la protéger de toute insulte du dehors. Et toujours il y a des choses qui doivent pénétrer ces flots de tristesse pour aller éveiller son âme. Et chaque fois, son âme réveillée monte à la surface, baignée en des vagues douloureuses. Combien de fois ai-je vu, sous les traits à jamais fermés de l'archaïque beauté terrestre que lui accorda Artémis, la déesse de la nuit silencieuse, transparaître cette effigie intérieure, semblable à la pétrifiante apparition d'une tête de Gorgone. Toutes ces indicibles visions se condensent en moi en mélodies sans fin, qui ne se reprennent à résonner de leurs profondeurs que lorsque se sont écartées les ombres sinistres et les discordants bruits de la vie.

Aujourd'hui il s'est passé quelque chose d'intéressant.

Par les doux coteaux adolescents qui, de l'Achilléion, s'égrènent jusqu'à la baie de *Kanoni*, nous descendîmes sur la grève. L'impératrice souhaita que le passeur qui se charge habituellement de la traversée à *l'île de la souris*, « *l'île de la Mort* » de Böcklin, et qui, justement, revenait au rivage, nous transportât sur sa barque à *Kanoni*. Je lui demandai ce qu'il voulait pour cela (une habitude à moi qui a toute l'approbation de l'impératrice). Il exigea deux *tallira* (pièces de cent sous) ; il avait reconnu l'impératrice que tout enfant de Corfou montre du doigt : « La Reine ! La Reine ! »

Je lui dis que c'était trop, que nous lui donnerions une pièce seulement. Mais il fut inébranlable et et finit par me couvrir d'injures : « Tu es un chiche ! un malveillant ! La Reine donne leur pain aux pauvres gens, mais toi, tu veux garder son argent dans ta poche ! » L'impératrice se mit à rire et dit :

— Laissez, nous irons à pied par la côte.

En route nous rencontrâmes un enfant de pêcheurs qui s'offrit à nous mener par un sentier sec. Quand nous fûmes arrivés, l'impératrice m'ordonna de gratifier le petit garçon d'une pièce d'or.

— S'il s'était agi de surmonter un plus grand

obstacle, j'aurai donné dix fois plus, dit-elle avec le sourire satisfait d'un intérieur triomphe.

~~~~~~~~~~

On dit que les souverains ne connaissent pas la valeur de l'argent ; je crois qu'ELLE a donné à l'argent le seul cours qu'il doive avoir : il dépend de l'intensité de son désir.

— On devrait payer toutes choses d'après la valeur qu'elles ont pour nous. Il n'y a rien d'absolu dans notre ambiant. Pour un livre que je désirerais ou pour une fleur, haut perchée sur une haie, je dépenserais plus que pour un palais.

~~~~~~~~~~

Sur la terrasse d'Hermès.

Ce soir, c'étaient des pensées d'or et de pourpre qui s'agitaient derrière le marbre de son front, et ELLE ne les dévoila point. Mais de sa chevelure ombreuse, un rayonnement émanait, et je transportai cette chevelure au ciel de mon âme, de même que celle de la reine Bérénice, que de doux astres palpitants tiennent visiblement attachée au ciel étoilé.

— Le parfum des prairies monte jusqu'ici, me dit l'impératrice, sur la *terrasse d'Hermès* : nous ne pouvons plus lire... Cette haleine des fleurs se pose, d'un poids étrangement lourd, sur l'esprit ; et elle le remplace complètement. Dès lors nous ne pouvons plus penser, peut-être parce que nous nous rapprochons de la nature. Aussi il faut se taire comme les fleurs. Car une grande part de la beauté et de la substance de ces choses éternelles est de se taire.

Elle dit, et la musique de sa voix chanta les chansons mystérieuses de l'âme.

Les paysans remuaient, autour des oliviers, la terre, qui, sous leur pioche, s'émiettait en grosses boules... Quelques chèvres blanches tiraient sur les jeunes pousses d'un cognassier, dont les rameaux pendaient très bas hors d'une haie... Plus loin, au milieu de la route, deux chiens, couchés dans la poussière, dormaient au soleil, et nous observaient d'un œil clignotant. Une vieille femme, la robe retroussée et un petit couteau dans sa main, se courbait sur un talus, cherchant des chicorées ou des simples... Des essaims de mouches et de moustiques, empor-

tés dans une ivresse soudaine et effrénée, dansaient
au-dessus de la route blanche, jusqu'au loin...
Puis venait un mur, derrière lequel un noir cyprès
se dressait comme un cierge funèbre ; et il était
enlacé par un vieux lierre, qui fleurissait en minuscules étoiles jaunâtres, parmi lesquelles des baies
noires, en grappes, pendaient ; derrière le mur, se
faisait entendre le grincement et le cliquetis de
ferraille d'un noria, que tournait un vieux cheval aux
yeux bandés... Un ruisseau coulait sans bruit devant nous, vers les champs ; à chaque tournant, ils
s'arrêtait comme pour regarder en arrière, tandis
que les petites fleurs de la rive, lui faisaient signe
de la tête ; de bleues libellules tournoyaient, silencieuses et passionnées, par dessus le limpide miroir,
et des cousins à longues pattes glissaient, en pati-
nant, au fil de l'eau... Une chapelle abandonnée se
trouvait là, blanchie à la chaux, avec, dans une
niche, au-dessus de la porte, une icône de saint aux
vêtements bleus et rouges et à l'auréole d'or ; une
paroi de la chapelle était dans le soleil, l'autre dans
l'ombre ; ici, sur une pierre assis, un vieillard dor-
mait ; au-dessus de sa tête, un lézard descendait le
long du mur, le cou tendu, épiant autour de lui...
— Que toutes ces choses simples sont exquises de
tristesse et de mystère, dis-je à l'impératrice.

14

— Toutes, sans en avoir conscience, mais sûrement, marchent vers un but, répondit-elle. Nous nous flattons de reconnaître, à nous seuls, par la raison, notre but, tandis que jamais nous ne pourrons l'atteindre autrement qu'en commun avec les autres êtres — tous ensemble. Nous devrions, d'abord, être tels que ces lézards ou ces immémoriaux cyprès sans sommeil ; alors, seulement, nous arriverions à connaître les mystères qui sont dans le monde. Notre but est en même temps le chemin vers le but, tandis que nous cherchons ce but au delà, et plus loin, et que nous le dépassons sans y prendre garde. Voyez, on me tient pour égoïste, et je n'ai vraiment pas le temps de penser à moi.

<hr>

Oliviers, oliviers ! arbres sacrés à la Beauté et à la Lumière, qui prêtez l'oreille au souffle de la mer ! Est-il possible que les dryades en vous plus ne tressaillent ? Autour de nous vous respirez comme des êtres vivants ensorcelés ! S'il n'en était ainsi, ondoieraient-elles à la brise si soyeuses, exhaleraient-elles un tel arome, vos feuilles brillantes, douces boucles échevelées, et le soleil répandrait-il sur vous tout son or, à profusion ?...

La mer était lisse et lumineuse comme un miroir.
L'impératrice se tenait sur un bloc de rocher qui
s'avançait dans la mer. Sa forme, à elle, et aussi le
grand olivier superbe qui, du talus de la rive, se pen-
chait de tout son corps vers les vagues diaphanes,
se reflétaient dans les eaux.

— Voyez, dit l'impératrice, comme les feuilles
vivent dans les vagues et les vagues dans les feuilles !
Comme en le ravissement d'une union, comme si
elles avaient secoué la matière qui leur impose la
torture de la séparation, et avaient trouvé leur véritable état en la fusion des essences de leur moi !
Ainsi l'on pourrait attendre tranquillement la
souffrance et la mort, car ce serait une fluide pénétration d'éléments sympathiques — sans aucune
lutte.

— J'aperçois aussi l'image de Votre Majesté.

— Vous savez, répondit-elle gaiement, tous les
miroirs sont patients. Cependant, ajouta-t-elle en
redevenant triste, ce qui est donné aux arbres m'est
refusé, me fut ravi.

— Avez-vous jamais vu un mort ? demanda
l'impératrice au bout d'un instant. Sur tous les
visages des morts vous trouverez le chagrin avec le
mépris : c'est le mépris de la victoire sur la vie, sur
cette vie qui a fait si mal.

Je me penchai du haut de l'écueil. Une ivresse me prit, émanée, peut-être, des pénétrantes exhalaisons de la mer et du souffle odorant des oliviers. Soudain des murmures et des rires sans nombre s'élevèrent dans le feuillage. Les vagues s'assombrirent, et du miroir de leurs yeux s'effacèrent les claires et vivantes visions. Et puis, il y eut un doux gonflement de seins, et une longue bande de blanche écume, floraison éperdue, vint battre les galets de la grève. Cependant l'impératrice se tenait, toujours, debout sur l'écueil et contemplait les vagues troubles qui avaient perdu toute leur tendre éclat. Quant à moi, ce m'était comme si, saisi de la même passion que les vagues, je devais serrer sur ma poitrine le tronc de l'olivier incliné au-dessus de moi, le serrer jusqu'à ce que je sentisse, sous l'écorce noire et dure, la vie cachée s'essorer. Ah ! toujours je porterai en moi le désolé regret de ces heures exaltées que je consume irréparablement.

Puis nous rentrâmes dans le bois des oliviers divinisés où les dryades assoupies, sous leurs argentines chevelures, nous baignèrent de leur haleine. Des femmes en longue file, aux vêtements blancs et aux blancs voiles flottants, portant sur la tête des corbeilles et des amphores, avançaient lentement entre les troncs sombres des arbres vers le lointain

embrumé d'or : mystères éleusiniens sur des routes
sacrées !

Un troupeau de blancs moutons paissait sur une
lande bleue. Paisible, la lande reposait; paisiblement,
les moutons paissaient, enfouis dans la lande, comme
en une contemplation et une pénétration mutuelles.

— Si nous étions des moutons, vivre en troupeau
serait la vérité, dit l'impératrice, reprenant une ancienne conversation de Schœnbrunn. Mais nous
sommes malheureusement fort éloignés de ce bienheureux état. C'est pourquoi nos lois de troupeau
ne sont qu'utopies. Les moutons vivent selon leur
nature dans les pâturages. Quand on les pousse sur
la grand'route poussièreuse, ils éprouvent épouvante et désespoir, comme à la vue d'un abîme. Mais
nous, nous cheminons perpétuellement sur cette
route-là, hostile à notre nature ; pis encore, nous
nous trouvons dans une cage de douleur et de misère
que nos propres exigences et celles des autres
envers nous, en tant que créatures humaines, nous
ont forgée. Nous devons, d'abord, être libres et solitaires pour devenir ce que les moutons sont déjà,
dès longtemps et pour toujours.

Aujourd'hui j'ai vu, de nouveau, sa forme se re-
fléter dans la mer immobile. Comme cette image
m'a paru compréhensible dans cet élément d'éternité ! La fluidité de ses lignes sur les flots, ses ténèbres absorbées par l'onde claire dont la lumière
tarit elle-même en sa propre profondeur ! Et ainsi
se ranima en moi une idée que j'avais eue ré-
cemment, lorsqu'elle se tenait près de la fontaine et
prêtait l'oreille au murmure de l'eau, et que ce
murmure de l'eau devenait plus haut et plus plaintif que jamais, de sorte que j'attribuai cela à son
voisinage. Je pensai alors à part moi : « Elle
est la reine des eaux vives. » Et maintenant je me
dis : « Elle est encore plus ; elle est la reine de la
mer. »

De jeunes figuiers pullulaient sur un vieux mur.
Des cyprès tristement regardaient sur la mer lointaine. (Ah, moins tristes sont les cyprès des tombeaux !) Les lumineuses petites îles autour de
Corfou gisaient en scintillantes pierres précieuses
dans la buée du soleil, sur le bleu infini de la mer ;
et si musicale était la sensation que leur vue évoquait,
que l'on eût pu croire qu'elles chantaient dans le

lointain. Comme si elle avait deviné mes pensées,
l'impératrice dit :

— N'est-ce pas, elles nous leurrent, et nous
leurrent encore, ces magiciennes, comme les Sirènes
Ulysse !

Des voiles se voyaient sur la mer, quelques-unes
pareilles à de blancs oiseaux qui, les ailes étendues,
se seraient abattus sur les flots, et glisseraient par-
dessus, comme en rêve, d'autres rouges ou noires,
âmes en deuil et en flammes. Alors je récitai une
strophe d'un poème :

Une voile rouge passe sur la mer,
Une voile rouge flotte sur la vespérale mer,
Sur les lames qui mollement se balancent...
Le bateau ! Le bateau !
Comme sa voile de désir se gonfle...
Que d'une aile fugitive il s'envole...
Ah ! que le voilà loin, loin —
Et jamais il ne reviendra...
Il emporte d'ici
Les sourires innombrables du royal soleil
Et tout ce qui jamais fut...

Quand nous détournâmes nos regards de la mer,
l'immense quiétude de la campagne nous enveloppa.

Les grenouilles coassent dans les marais, avant
même que le soir ne soit venu. Elles coassent de
façon tout à fait aristophanesque, quand on *les*
écoute de près :

Kŏäx, kŏäx ! Brĕkĕkĕkĕx !

Mais le coassement de chacune d'elles flue en celui
de toutes les autres. Ainsi se forme une fluide nappe
de sons, comme si l'humide marais s'élevait au-
dessus de soi-même et devenait perceptible à l'oreille.
Et la voix du marais crépusculaire domine tout...

Quand les grenouilles se taisent, la lourde respiration de la mer s'enfle et monte.

— Tout se plaint, se plaint, dans l'univers, dit
l'impératrice. Seuls les hommes rient sans jamais
faire trêve.

Nous poursuivîmes notre promenade sous la
grande plainte des grenouilles ; elle n'avait pour
nous rien d'effrayant, mais était plutôt comme une
douce délivrance.

— Tous ces êtres, dit l'impératrice, qui ne
s'écartent pas des éléments éternels de la vie, savent
que la tristesse parfait l'existence dans ses plus profondes manifestations. Mais nous, nous en sommes
sans cesse détournés. Nous sommes comme re-
poussés d'un paradis, à cause de nos futilités.

Puis nous descendîmes sur la grève, où les lames les plus proches écumaient faiblement. Nous cheminions, mélancoliquement, comme hier, comme chaque jour, au bord de ce grand isolement de la mer, que ne consolait pas même le rêve d'une voile. La berge était parsemée de fleurs de coquelicots dont les pétales s'étaient déjà fermés pour le sommeil, et qui, dans la confuse pâleur de ce crépuscule désolé, s'obscurcissaient mystérieusement.

— Quand on pense, dit l'impératrice, que, dans cent ans, il n'y aura plus une seule créature humaine de notre temps, plus une seule — et, probablement plus un trône de roi non plus — et tout ce qui nous paraît, maintenant, nécessaire et durable et grand aura seulement été afin de n'être plus en ce temps-là, — tandis que ces coquelicots seront toujours ici, que ces mêmes vagues bruiront toujours et si seules !... Nous nous écartons de notre éternité, parce que chacun de nous veut être ici pour lui seul, veut enfouir l'autre et se flatte d'incarner à lui seul le monde, tandis que nous ne sommes rien de plus qu'une fleur de pavot ou une vague. Nous ne sommes éternels que dans la masse, où ni la mort ni la naissance de l'individu ne marquent.

La lune avait surgi : le disque, qui avait tué Hyacinthe, roulait lentement de derrière les noires montagnes. De sombres taches de sang s'apercevaient sur sa surface brillante. Ou bien n'était-ce pas une face de mort ? Un feu bleuâtre s'exhalait hors de son contour d'or, et toutes les choses qu'il éclairait s'engourdissaient comme dans une vapeur opiacée, tandis qu'encore, au couchant, une chère réminiscence rose expirait.

De grosses étoiles flamboyaient, les unes loin des autres : de doux yeux d'étoiles, bleus et verts, de loin se regardaient. Les grillons se lamentaient en hautes et inextinguibles plaintes.

Quelle nuit exquise, pleine des transparences d'un imaginaire monde cristallin !

L'impératrice dit :

— Alors, il vous semble, à vous aussi, que la terre soit déjà morte, et que nous y soyons les dernières créatures humaines, dans une solitude de verre, contemplant avec des yeux de verre les paysages de la lune, morte elle-même la première ? Nous roulons sur un cadavre, accompagnés d'un autre cadavre à travers l'éther. Les étoiles aussi ne sont toutes que de lointains cadavres étincelants.

Benizze.

Aujourd'hui encore nous avons vu le vieux Spyros, hors du village. Il allait, courbé, avec son petit cierge, mais le vent avait éteint le cierge, et, maintenant, il le serrait fiévreusement dans sa main, et son visage était comme plongé dans l'ombre. Et tout au bout du village, devant la porte d'une maison qu'entouraient des haies de cactées fantastiques aux fruits en forme de chenilles, rouges et jaunes, et qu'un grand cyprès noir surveillait, se tenait, adossée, la belle-fille de Spyros, mais plus pâle encore que lorsque nous l'avions vue la dernière fois : elle suivait le vieux d'un regard si sombre que ses yeux paraissaient éteints ; et elle remarqua sans doute qu'il y avait chez lui quelque chose qui clochait, car elle rentra dans la maison et en sortit bientôt avec un tison allumé, avec lequel elle se mit à courir après le vieillard. L'impératrice s'arrêta pour la regarder qui rallumait le cierge éteint. Puis le vieux continua son chemin, en souriant, et sa tête blanche était nimbée d'une lueur. La jeune femme, cependant, revint à pas lents et las, et sur son front s'étaient assemblées d'encore plus épaisses ombres.

Villa Capo d'Istria.

Erré, pendant des heures, le long de la grève, à travers un bois d'orangers. La mer se couvrait d'écume et de soleil : elle hurlait à tue-tête et sans reprendre haleine. Ainsi elle étouffait non seulement tous les bruits, mais encore nos sentiments et nos pensées ; son incessant mugissement supprimait même le sentiment de l'existence corporelle ; l'on ne vivait plus qu'en lui. L'impératrice dit :

— Ce grand bruissement de la mer est la vraie atmosphère vitale de notre âme : alors, seulement, elle commence à chanter.

A la villa Capo d'Istria, — le vieux domaine patrimonial du fameux comte Capo d'Istria, qui fut le premier régent de la Grèce, — l'intendant avec sa jeune fille sortirent de la vieille maison de campagne, de style vénitien, tout effritée, pour venir à notre rencontre. Un magnolia géant, couvert de calices fleuris, lilas pâle, qui embaumaient violemment, ombrageait la cour. Deux cyprès faisaient la garde devant une fenêtre dont les volets de bois, peints en vert, mais très délabrés, étaient clos. Le jardin était inculte, plein des mélancolies confuses des plantes qui poussent à tort et à travers dans la solitude après avoir été habituées à ce que l'on prît soin d'elles. La maison, dans sa plus grande partie inhabitée, la cour, pavée de cailloux en mosaïque, sonore de silence et délicieusement parfumée, le jardin délaissé, de tout cela s'épandait la plus indicible volupté de l'abandon.

L'impératrice interrogea la jeune fille :

— Habitez-vous ici depuis longtemps ? C'est très beau chez vous.

L'enfant répondit :

— Certainement, madame, seulement l'on est par trop seul.

— N'allez-vous pas en ville ?

— Je voudrais bien, mais le père n'y va pas souvent, et, quand il y va, il a toujours beaucoup à faire. Les maîtres viennent une fois tous les dix ans, et l'on reste tout le temps seul avec les arbres. N'étaient les rossignols, il faudrait mourir d'isolement.

L'impératrice dit :

— Ah, les rossignols ! Ils vous tiennent compagnie ?

— Si fait, madame ! ils viennent le soir et chantent toute la nuit ; il y en a deux, l'un sur le cyprès et l'autre sur le magnolia. Ils chantent si fort que l'on n'entend pas la mer. Au commencement, il n'y avait pas moyen de fermer l'œil ; maintenant,

je ne pourrais pas m'endormir s'ils ne chantaient
pas !

Mais l'impératrice dit avec, sur ses traits, une
expression de douloureux ravissement :

— C'est dommage que les rossignols ne viennent
pas aussi dans mon jardin, à l'*Achilléion*.

Alors les écailles tombèrent des yeux de la jeune
fille ; elle ouvrit la bouche toute grande.

— Vous êtes la Reine, murmura-t-elle d'une
voix expirante !

Et son père, qui se tenait tout près, écarquillait
les yeux. L'enfant s'échappa en courant, et, d'un
oranger qui, bien que lourd de fruits d'or, refleu-
rissait déjà, elle coupa un rameau chargé d'oranges
et de fleurs. L'intendant nous apporta un couteau
pour peler les oranges. L'impératrice pela elle-
même la sienne de ses doigts — une orange de
pourpre, dont le jus dégouttait comme du sang le
long des blancs doigts, à terre.

Elle dit à la jeune fille :

— Je n'ai encore jamais goûté d'oranges si
douces, elles sont comme du miel. J'enverrai ici
pour qu'on m'en rapporte quelques-unes, si vous
voulez m'en donner. Je vous adresserai, en échange,
quelque autre chose que vous ne possédez pas.

Je regardais l'impératrice savourer son orange,

et je pensais à part moi, comme cela souvent déjà m'était arrivé en la voyant manger : « Elle ne se nourrit pas comme les autres humains. Ses gestes alors ont des significations presque mystiques ; ils paraîtraient peut-être peu motivés à qui ne s'en fût pas aperçu. Quand elle porte le fruit à ses lèvres, c'est comme si elle et le fruit allaient se dissoudre l'un en l'autre, comme si leurs essences à tous deux allaient se combiner et se parfaire mutuellement. Elle est comme un enfant qui se fond tout entier dans la douceur ; elle rappelle les papillons qui s'enivrent dans les calices des fleurs. Surtout quand elle boit son lait, dont elle fait surveiller la préparation et la conservation avec un cérémonial presque religieux, elle renverse la tête en arrière, comme sous un rapt spirituel ou par suite de l'intensité d'un attouchement psychique.

L'impératrice fit un tour avec moi dans le jardin désolé ; entre les arbres la mer apparaissait, bande sombre de mystères infinis. Et elle s'abandonnait toute entière à ces délicieuses tristesses végétales.

— Tout ici est si merveilleux, disait-elle, que l'on souhaiterait, vraiment, que le monde entier ne fût qu'en ruines.

Je pensai à *L'amour sous les ruines,* de Burne-

Jones. C'était la même note psychique, mais plus sensitive encore, s'il en fut, et plus douloureuse. En s'en allant, elle remit à la jeune fille un présent vraiment impérial. Je dis :

— Vous l'avez rendue heureuse, Majesté.

— Tous les trésors du monde n'équivaudraient pas aux enchantements que je lui dois.

Nous sommes revenus le long de la mer ensoleillée. Un arome particulier nous arrivait, continuellement, du bois qui suivait la mer : encens, selon un encensoir invisible, qui voilait l'accomplissement de mystères sacrés et les annonçait au loin par des buées balsamiques.

Je lui parlai du comte Capo d'Istria et de son triste sort. Elle dit :

— Voilà longtemps que j'ai une grande sympathie pour cet homme, à qui la vie a fait si mal (*) ; elle s'est encore augmentée depuis que j'ai vu sa villa. Je crois que c'est une parcelle de sublime vérité que nous y avons reconnue. Il est une chose que je ne puis pardonner aux hommes, c'est que, bien qu'ils se trouvent dans le mensonge, ils jugent cette situation naturelle et soient complètement satisfaits d'eux-mêmes.

(*) On sait que Capo d'Istria est tombé victime d'un attentat.

Aujourd'hui, nous avons surpris dans le bois d'oliviers des jeunes filles dansant : elles se tenaient par la main — l'une derrière l'autre — et serpentaient, comme en des pas rituels, lentement en avant et en arrière, balançant, en même temps, très légèrement, à droite et à gauche, le haut de leur corps sur les hanches. Une belle enfant aux tresses noires conduisait la danse, et tirait après elle toute la chaîne à un mouchoir de soie rouge. Les madras des jeunes filles étaient dénoués et flottaient en l'air, leurs chevelures en couronne ardaient de rubans rouges, et leurs seins à chaque brusque mouvement tremblotaient. Celle qui menait la danse chantait, et les autres, toutes ensemble, répétaient, chaque strophe de la chanson :

J'ai perdu un mouchoir rouge,
Je le portais sur mon sein —
J'ai perdu un mouchoir rouge...
(Ah ! que j'ai froid au cœur !...)

Je l'ai cherché sous le pommier
Où longuement tu m'embrassas —
Je l'ai cherché sous le pommier...
(Ah ! vraiment n'était-ce qu'un rêve ?...)

(Je m'encours vers la triste mer,
Où j'ai tant — et tant pleuré —
Je m'encours vers la triste mer...
(Ah ! pourquoi donc ai-je si mal ?...)

Tu peux garder le mouchoir rouge.
Mais rends-moi mon pauvre cœur —
Tu peux garder le mouchoir rouge...

Nous fûmes longtemps à contempler ce spectacle charmant, et sur le visage de l'impératrice je vis, pour la première fois, rayonner le ravissement d'une profonde et intime joie, et elle dit :

— Nous dansions de la même façon, mes sœurs et moi, à Possenhofen, bien que nous ne fussions pas des Grecques.

Les abeilles bourdonnaient autour des haies de ronciers fleuris... Où que nous arrivions, je sens son antérieure présence flotter partout. Elle s'est répandue sur tous les chemins où nous avons cheminé, sur chaque grève le long de laquelle nous avons été silencieux, sur toutes les prairies que nous avons foulées, en retenant notre haleine, pour ne point effaroucher leur lente solitude, en toutes les brises qui viennent de la mer et glissent au-dessus des forêts pour s'imprégner de leurs parfums, et vont expirer sur d'autres mers... Nous nous trouvâmes devant une haie qui barrait le chemin creux ; il fallait la sauter. Je voulus l'y aider, mais elle refusa mon appui ; alors, je voulus lui tendre une branche d'arbre, dont elle pût s'aider, elle-même, car je n'avais pas de canne avec moi, mais elle dit :

— Ce n'est pas nécessaire. Vous allez voir que j'aurais pu faire une acrobate aussi.

Et elle sauta par-dessus la haie. Les mouvements délicats et élégants que son corps alors exécuta furent vraiment surprenants ; on eût dit des gestes de la *beauté* s'élevant au-dessus de soi-même : ainsi les vagues se regonflent sur la grève et s'épanouissent en écume, se dépassant elles-mêmes.

Il faut qu'ELLE boive à chaque source qu'elle rencontre sur son chemin.

— C'est toujours une nouvelle saveur, me dit-elle, et elle boit, de préférence, dans le creux de sa main, bien qu'elle ait toujours sur elle un gobelet d'or.

Elle veut puiser au sein même de la nature ces

éléments dont elle a besoin pour soutenir ses forces corporelles et, à vrai dire, moins pour le soutien de ses forces corporelles que pour le maintien de ses liaisons avec le grand tout maternel. En cela elle ne peut souffrir aucune barrière, et voit des ennemis en tous ceux qui veulent s'interposer à de pareils mystères.

Comme nous gravissions aujourd'hui le monticule d'*Aja Kyriaki*, sur le faîte duquel s'esseule la petite chapelle entourée de cyprès (qui, apparemment, ont grimpé là-haut pour envelopper, sa solitude près du ciel, de leurs soupirs), l'impératrice dit :

— Lorsque j'étais pour la première fois, à Corfou, j'ai souvent visité la villa de Baila : elle était délicieuse, parce qu'elle était toute abandonnée au milieu de ses grands arbres ; et elle m'a tellement attirée que j'ai fait d'elle l'*Achilléion*. Mais j'en ai détruit l'antique mélancolie. Maintenant, à vrai dire, je le regrette. Nos rêves sont toujours plus beaux, quand nous ne les réalisons pas. C'est aussi à cause du voisinage de l'*Aja Kyriaki* que j'ai si fort désiré d'habiter ici. Et je veux que l'on m'y ensevelisse,

si jamais je dois me noyer dans la mer. Mes sœurs
aussi croient qu'elles mourront de cette manière.
Là-haut il n'y aura que les étoiles au-dessus de
moi, et les cyprès auront assez de soupirs pour moi,
plus que n'en sauraient avoir les hommes : je trou-
verai une plus sûre éternité dans ces lamentations
des cyprès que dans la mémoire de mes sujets. Chez
les cyprès, l'état de tristesse et les plaintes sont une
fonction vitale, comme, chez les hommes, les
méchants propos et les calomnies.

Puis, ses regards rassérénés, elle ajouta :

— La première fois, je suis montée ici toute seule.
Ma dame d'honneur était une jeune et très belle
dame et je ne voulais pas la fatiguer. Elle avait aussi
grand'peur du soleil, pour son teint.

— Votre Majesté était, déjà alors, intrépide, dis-je.

— Plus qu'aujourd'hui ! Et pourquoi aurais-je eu
peur? Où il n'y avait personne ! Et ceux que l'on
pourrait y rencontrer sont tous des gens si civils,
si pleins de culture. J'ai remarqué, plus tard, que
le gouverneur anglais m'avait fait suivre par
quelques gendarmes, mais tout de suite je les ai
renvoyés. Je marche toujours à la recherche de ma
Destinée ; je sais que rien ne peut m'empêcher de
la rencontrer, le jour où je dois la rencontrer. Tous
les hommes doivent, à un certain moment, se

mettre en route à la rencontre de leur Destinée. Le Destin, pendant longtemps, tient ses yeux fermés mais, un jour, il nous aperçoit tout de même. Les pas que l'on devrait s'abstenir de faire pour ne pas tomber sur lui, ces pas-là, justement, se font fatalement. Et moi, je fais ces pas de tout temps.

Au bout de quelques secondes, elle dit encore :

— Qu'arriverait-il, si un jour je me noyais ? Les gens diraient : « Qu'avait-elle besoin d'aller en mer, en plein hiver, elle, une impératrice, au lieu de rester tranquille, à Vienne, dans sa Burg ? » Pourtant, cela m'arrivera-t-il de façon encore plus surprenante, peut-être, même pour une impératrice. Le destin parfois, soufflette les certitudes et l'infatuation des hommes. Il est souvent comme le Cyclope qui voulait dévorer Ulysse avec des honneurs tout particuliers — qui de ce repas aurait volontiers fait un poème. Une fin semblable me dédommagerait de beaucoup de choses.

<p style="text-align:center">~~~~~~~~~~</p>

Découvert aujourd'hui une nouvelle prairie : de tous côtés, des oliviers s'étaient avancés jusqu'au bord de la clairière ; et ils se tenaient en cercle, et ils retenaient leur haleine, comme s'ils voulaient écouter les fleurs qui s'étaient rassemblées au dedans de l'enclos de cette édénienne prairie pour y donner le muet et enivrant spectacle de leur éphémère existence. Il y avait là d'innombrables tulipes d'iris, à peine élevant la tête au-dessus du sol, lilas pâle aux rayures dorées, comme si l'aurore les eût touchées de ses doigts, et de tout petits œillets qu'on eût dit sortis d'un jardin de poupée, blancs et roses, avec des allures de grands œillets des jardins, mais plus délicieusement embaumés que ceux-ci, et des crocus en soie jaune safran, et des anémomes aux lèvres trop rouges et au cœur sombre, des sveltes touffes d'asphodèles, épanouies en luxuriantes fleurs rosées, assiégées de bourdons bruyants, puis des fenouils et de grasses dents-de-lion d'un jaune excessif, riant de toute leur face, et encore des iris et des lis sauvages, mais d'une espèce jamais aperçue, altiers et magnifiques sur des tiges raides, avec des pétales qui tristement s'affaissaient et étaient d'un ténébreux violet, comme la nuit naissante ; et encore des tulipes, avec des taches rouge de sang sur leurs joues pâlottes ; et puis une joyeuse bande enfantine de pâquerettes, qui regardaient vers le ciel en un infini étonnement, et ne pouvaient se séparer les unes des autres, et s'étendaient en exquises nappes blanches, et faisaient des rondes, et se ca-

chaient dans les fossés ; et de tranquilles troupeaux
de camomilles, paissant moutonnièrement dans
l'herbe ; et partout, sur de hautes tiges mollement
infléchies, des pelotes rondes de laine soyeuse,
dont, de temps en temps, des filets partaient en
voyage et, lentement, sur toute la prairie planaient.
Tout cela enchevêtré, perdu dans un monde d'herbages délicats... Quand, par hasard, un soupir
errant de la brise pénétrait dans cette baie de tendres
rêveries florales et de paradisiaques mélancolies, un
frisson d'indicible solitude courait sur toutes ces
tiges légères et sur toutes ces vivantes corolles échevelées, et alors, comme enivrées, les fleurs commençaient à branler leurs têtes, et à danser, en se faisant vis-à-vis de loin, et si passionnément que plus
d'une en perdait, (ô la tendre effeuillaison !) ses
plus beaux pétales. Alors, les bourdons, troublés
dans leurs jouissances, s'envolaient, et venaient
voltiger, avec des accents de contrebasse, autour des
fleurs dansantes. Quelques-uns pourtant restaient
accrochés aux calices des fleurs, et se balançaient
avec elles, s'oubliant en un trop long baiser, tandis
qu'un rire secret courait à travers les oliviers.

— Chaque jour une nouvelle prairie, plus belle
que les prairies contemplées jusqu'ici ! dit l'impératrice ; c'est un émerveillement inexprimable,

quelque chose, comme un vertige de solitude et de silence, que je remporte, chaque fois, de ces près fleuris, dans mes ténèbres et dans l'habituelle clameur de la vie.

C'est ainsi qu'elle surprend les secrets de la nature, et qu'elle les révèle, inconsciemment, par elle-même.

Au retour, j'attirai, encore, l'attention de l'impératrice sur les petits œillets sauvages que nous rencontrions en foule, et qui, toujours jouaient les grands œillets des jardins, et aussi sur les bourdons qui s'accrochaient insatiablement aux tendres calices des fleurs ou se poursuivaient, jalousement. Je pensais l'égayer ainsi, mais elle dit :

— Quand on applique nos rapports humains aux bourdons ou aux fleurs, qui sont choses exquises et éternelles, on voit combien notre humanité est ridicule. Et dire que nos *humanités* se perfectionnent de plus en plus !

Je ne sais pourquoi, aujourd'hui, à l'ombre des oliviers, j'ai senti la présence réelle de sa tristesse, comme si je la voyais, matériellement, glisser à côté de sa figure délicate, si douloureusement cambrée.

Elle me parut marcher, comme Alceste, au-devant de la mort ; et elle se hâtait, se hâtait, comme si avec Alceste, elle eût chanté.

> *Soleil et splendeur du jour,*
> *Et ronde céleste des nues qui passent.*
>
> . . . .
>
> *Je vois la barque à rames, sur le lac je la vois,*
> *Et le passeur des morts,*
> *La main sur sa perche,*
> *Charon, m'appelle :*
> *« Qu'attends-tu ? Hâte-toi ! car tu nous attardes ! »*
> *Voilà de quels mots il me presse...*

Quand nous sortîmes de la forêt, je tournai mes regards vers le couchant. Là, d'étonnants nuages blancs, comme divinisés, s'étaient amou reusement abattus sur la poitrine assoupie d'une montagne, et le soir les enveloppait de sa rose dé-faillance passionnée. Mais sur la lande bleue du ciel, de tendres petits nuages passaient, moutons aux toisons dorées, comme Alceste les avait vus. Derrière, tristement la lune blanche cheminait, pâle bergère, les yeux attachés sur le soleil. Cependant le soleil de la vie s'était déjà abîmé dans la mer, et, seul, le voile pourpre de ses cheveux derrière lui, encore, ondoyait.

Nous nous sommes promenés, ce soir, un assez long temps sur la grève. La mer était esseulée, sans une voile ; elle ne bruissait même pas. Les montagnes étaient invisibles, car de légères vapeurs les avaient voilées. Le soleil avait déjà disparu, et l'on devinait plus qu'on ne la voyait sa magnifique agonie, derrière le purpural rideau de ténèbres. Je sens toujours un rapport intime entre ELLE et le soleil mourant ; quand les derniers rayons s'attardent aux faîtes des cyprès, je me sens comme forcé de lever les yeux vers elle. — L'impératrice ensuite me dit :

— Il est déjà tard, ce sera bientôt l'heure de votre dîner. Je puis rester seule et sans manger.

— Merci, Majesté, je n'ai pas faim non plus.

— Oui, dit-elle, la solitude est une suffisante nourriture.

Nous étions sur la terrasse, à l'heure magique, dans la mélancolie éclose après les sublimités du soleil couché.

— Voyez, dit l'impératrice, en me montrant du doigt les montagnes albanaises, cette sombre file de montagnes, c'est la vie qui s'en va dans le lointain sans jamais se lasser.

Nous parlions, aujourd'hui, des *Nibelungen*, de Richard Wagner.

— Je tiens Wagner pour un rédempteur, dit l'impératrice. Il n'est pas autre chose que l'incarnation musicale d'une connaissance de nos secrets intérieurs, venue, inconsciemment, en nous, à maturité. Le mot *Tondichter* (*Poète de sons*) n'exprime, à mon avis, que la forme extérieure et sensible de sa révélation, mais non ce qu'il était lui-même. Il était justement, et uniquement, les mystères mêmes de notre existence qui sont devenus science libératrice.

Puis elle dit, (peut-être, sans s'en rendre compte et sans le vouloir, transformant harmonieusement en sons fluides les mouvements de sa pensée) :

— Nous devons accueillir en nous la musique de toute chose et la fondre en nous en une unité. Nous devons nous pencher sur le cœur de la terre, et prêter l'oreille à ses battements. Là, confluent, comme en une conque mystique, les grandes harmonies : tous les rayons de soleil qui jamais ne s'éteignent, et les rêves qui ne sont pas encore nés, et les joies des fleurs, et les mélancolies des automnes, les langueurs des rivières vers le lointain, et les silences des nuées. Nous devons, ajouta-t-elle,

retourner là d'où nous sommes venus, au primordial
bruissement du Rhin, d'où naquit le chant du
Rheingold. De cette manière, vainqueurs, nous
remporterons la victoire sur nous-mêmes. Ce que
nous ne pouvons parfaire qu'avec l'aide de la mort,
nous devrions l'accomplir seuls et encore vivants.

Ainsi elle créait elle-même, devant mes yeux, par
les fugitifs gestes délicats et si magnifiques de son
âme, l'image idéale et véritable de son être.

Toujours je la vois devant moi, cherchant à
mettre le chant de sa vie intérieure en unisson avec
la grande mélopée du monde, qui résonne en un
intérieur silence éternel ; je la vois prêter l'oreille
aux vagues et aux vents, qui se taisent, sonores,
aux constellations qui chantent silencieuses, aux
douces fleurs qui exhalent leurs âmes en harmonies.
Et quand sur la grève tragique et sans âge, elle voit
les flots s'épanouir en toujours nouvelles blanches
floraisons, les fleurs frissonner en vagues sur les
collines assoupies, la clarté des étoiles et le souffle
des vents autour de sa tête mollement fluctuer, alors
aussi, de l'onde de sa tristesse, elle puise de virginales corolles inconnues, et s'en couronne comme
Ophélie.

Elle a découvert la clef de la vie en sa nostalgie, et maintenant elle vit parallèlement avec l'uni-

vers dont son âme enclôt les secrets et les forces,
Elle est la nature même dans la nature ; elle est le
sens de la nature et ses lois. Les fleurs n'ont rien à
demander, parce qu'elles ne savent rien. Il en est
de même d'elle, parce qu'elle sait tout. Tout ce
qui jamais exista, qui jamais fut inventé et su,
se brise, retombe au néant devant l'éternité de ses
vérités et la force de ses certitudes. Elle a subjugué
la matière par son intérieur rayonnement. Elle a
rompu les chaînes de son âme, en s'écartant du
parc à bétail des *humanités*, en refusant de faire
partie du troupeau social. Elle a dissous son extérieure et saisissable forme en pures lignes de beauté,
en se pliant aux contours des montagnes, en
s'offrant à la mer, en s'abîmant dans le repos de la
lande. Mais ses rêves, mais ses vœux et ses certitudes,
elle leur a fait promouvoir les mondes de son âme,
comme sous une impulsion cosmique, — et elle
est devenue ainsi l'*éternelle errante*, sur des sentiers
qui enclosent tout passé, tout présent et tout avenir.
Elle est l'âme des *hommes futurs* qui, par leur
compréhension désolée de l'univers, reviendront à
la *vie-enfant* des végétations.

Je me vois parfois obligé de me contenir pour ne
pas éclater en jubilations, tant je me sens enrichi par
la contemplation de sa Psyché.

Elle m'a appris à discerner en moi l'image de moi-même et à écouter la musique de mes pensées. Elle m'a donné son humilité et tous ses dédains.

J'ai découvert avec ses yeux la beauté qui gît, cachée, dans la vie. Elle m'a montré les secrets qui gisent dans les montagnes ou dans les vagues, elle m'a fait comprendre les intimes liaisons entre les hommes et les roses qui s'effeuillent. Elle a ouvert l'infini de l'Océan à mon âme, elle a prêté à mes rêves le bleu du ciel, elle a instillé dans mes paroles les chansons des pins. C'est à elle que je dois d'être ce que je suis, — et tout ce que jamais j'ai imaginé ou œuvré n'a valu que pour elle, n'a que vers elle reflué, comme vers la source primitive. C'est assez de bonheur d'avoir vécu pour acquérir ce que pour moi elle fut.

⁂

C'est demain que je pars pour aller retrouver mes parents. La date avait été fixée, du jour où ELLE m'avait appelé près d'elle.

Naturellement, mon arrivée, ma présence, mon départ ne sont pour elle qu'un épisode : « Le changement fait le charme de la vie ! » Le beau pin de

Miramare ne s'inquiétait pas non plus des moineaux qui se querellaient à son faîte. Mais pour moi, cet *épisode* est devenu la vie même. Et... je ne sais ce que sera la suite de cela...

~~~~~~~~~

Pour la dernière fois, comme en rêve, j'ai cueilli, à ses côtés, des crocus et des anémones, en une de ces prairies qu'ELLE m'a rendues si chimériques.

— Regardez ce paysage, me dit-elle, de toute la force de vos prunelles, car, peut-être, jamais ne le reverrez-vous ainsi.

Et j'ai bu le printemps et m'en suis enivré jusqu'à une triste frénésie, comme s'il devait être le dernier, ou comme si les futurs printemps de ma vie ne devaient fleurir qu'en le souvenir de celui-là...

~~~~~~~~~

J'ai pris congé d'ELLE dans le péristyle. Il était dix heures du soir. Par exception, elle m'avait fait appeler, encore une fois, à cette heure tardive, pour que je prisse congé, car le bateau de Patras partait, le lendemain matin, de très bonne heure, de sorte que je n'aurais pu la revoir. Mon âme était lourde comme une nuée. Et une nuée de mélancolie se leva en moi et m'enveloppa tout entier, quand je vis sa chère et auguste forme noire glisser, à la lumière bleuâtre des ampoules à tritons, entre les blanches colonnes du péristyle, telle que jamais plus je ne devais la voir. Je ne prononçai pas un mot, pour ne pas effaroucher quelque chose en moi, et pour prolonger le plaisir que je prenais à l'amertume de ma propre douleur. Mais ELLE, elle parla plus que d'habitude, d'une voix qu'il me sembla n'avoir jamais entendue si suave et si dolente. Je ne sais ce qu'elle me dit ; je sais seulement que mes larmes tombèrent sur sa liliale main, quand elle me la tendit à baiser. Elle me glissa dans la main un écrin de velours rouge, en murmurant :

— Soyez béni et heureux.

J'entendis clairement ces mots, mais je ne les compris que plus tard, après que je me fus éloigné. Dans le grondement de mon sang, qui couvrait le bruit de mes pas, je descendis les degrés de marbre de l'*escalier des dieux*, et me rendis dans ma chambre. Là, je sentis l'écrin dans ma main, sinon je n'aurais cru à la réalité de cette heure ; je l'ouvris : une épingle d'or, un E grec, serti de brillants et surmonté de la couronne impériale, s'y trouvait. Les pierres à la clarté de la lumière élec-

trique projetaient de rouges larmes. Je me souvins
alors que ses yeux m'avaient regardé longuement
et comme voilés, lorsque je m'étais incliné pour la
dernière fois sur la première marche de l'escalier,
sans savoir ce que je faisais. Puis je sortis — il
devait être minuit — de ma chambre et du château,
sur la route : je me mis, par ce lugubre minuit,
à gravir la hauteur escarpée d'en face. Le paysage
me sembla inconnu et brouillé ; j'entendais mes pas
comme de loin, et ce m'était comme si ma tristesse
se trouvait hors de moi et marchait à mes côtés,
telle une ombre...

Je me réveillai dans la nuit, avant que l'aube
n'eût versé sa pâleur sur mes vitres, et j'aperçus,
près de mon oreiller, la bougie allumée, que
j'avais oubliée d'éteindre : elle attendait, — elle
semblait avoir attendu toute la nuit que je m'éveil-
lasse, comme si elle eût symbolisé mon chagrin
en éveil, qui avait continué à se consumer tout
seul pendant mon sommeil. Et mon cœur se dé-
chira en une indicible désolation...

Et puis, mon vaisseau passa devant la rive de
Benizze. Là-haut, sur le sommet de la colline, se

tenait le blanc château dans les arbres, comme
n'importe quel édifice étranger, fermant sa vie au
dehors. Et les petites lames, qui, sans cesse, reve-
naient se jeter sur la grève, étaient tellement
pressées, qu'elles ne se retournèrent point vers
moi...

ACHEVÉ D'IMPRIMER

le vingt-trois juin mil neuf cent

PAR

BUSSIÈRE

A SAINT-AMAND (CHER)

pour le

MERCVRE

DE

FRANCE